두려움에서 믿음으로

From Fear to Faith
by Martyn Lloyd-Jones

Copyright ⓒ Inter-Varsity Fellowship 1953
All rights reserved.
This translation of From fear to faith first published in 1953 is published by
arrangement with Inter-Varsity Press, Nottingham, United Kingdom
This Korean Edition Copyright ⓒ 2012 by Jipyung Publishing Company, Seoul,
Republic of Korea.

이 한국어판의 저작권은 Inter-Varsity Press와 독점 계약 한 도서출판 지평서원에 있습니다.
신 저작권법에 의하여 한국 내에서 보호받는 저작물이므로 무단 전재와 무단 복제를 금합니다.

두려움에서 믿음으로

마틴 로이드 존스 지음 | 김은진 옮김

지평서원

From Fear to Faith

차 례

- 지은이 머리말 _6
- 하박국 개요 _15

1장 이해하기 어려운 하나님의 방법 _17

2장 혼란스러워하는 선지자 _37

3장 하나님의 응답을 기다림 _59

4장 의인은 믿음으로 살리라 _81

5장 참된 기도란 무엇인가 _103

6장 하나님으로 기뻐하리라 _123

| 지은이 머리말 |

역사 전개의 비밀

　신앙생활을 하다 보면 많은 문제들을 만나게 됩니다. 성경은 결코 그리스도인들이 이 세상에서 사는 동안 문제와 고난으로부터 자유로울 것이라고 약속하지 않습니다. 우리의 영혼의 대적이 늘 도사리고 있습니다. 그의 가장 큰 목표는 항상 우리를 좌절시키는 것이며, 또한 가능하다면 우리가 믿음을 저버리도록 만드는 것입니다. 그는 우리의 믿음을 약하게 만들고자 우리의 마음에 다양한 유혹들을 제시합니다.

　오늘날 신앙의 영역에서 나타나는 가장 큰 고민 중 하나는 소위 '역사의 문제'입니다. 즉, 우리의 역사적 상황이 매우 많은 사람들을 당혹스럽게 만듭니다. 그러나 이것이 항상 문제가 되었던 것은 아닙니다. 지난 세기 말경, 아마도 1914년까지 그리스도인이 맞닥뜨리는 가장 주된 어려움은 '역사의 문제'가 아니라 '과학의 문제'였습니다. 당시에 과학자들과 그들이 새롭게 발견한 것들의 권위가 높아지면서 신앙을 위협하는 공격이 시작되었기 때문입니다. 그러므로 당시에는 자연에서 관찰된 사실과 과학의 여러 주장들을 성경의 가르침과 어떻게 조화시키느냐 하는 것이 문제로 대두되었습니다.

지금도 여전히 이런 문제로 인해 혼란스러워하는 사람들이 있기는 합니다. 그러나 이것이 오늘날의 가장 큰 문제는 아닙니다. 과학과 종교의 관계에 대한 논쟁은 이제는 시대에 걸맞지 않습니다. 과학자들도 20년 전까지만 해도 과학의 주된 사상으로 여겨졌던 물질주의적이고 기계적인 관념들을 대부분 거부함으로써 스스로 종교와의 논쟁을 시대에 맞지 않은 것으로 간주했습니다. 최근 물리학계에서 발견한 연구나 이론들은 이러한 관념들을 종결지었습니다. 또한 이 시대에 뛰어난 많은 과학자들이 우주 세계를 초월하는 '정신'이 존재한다는 사실을 믿을 수밖에 없다고 고백하는 것을 우리는 종종 목격합니다.

그러므로 오늘날 우리를 혼란스럽게 만드는 것은 과학의 문제가 아닙니다. 지금 우리를 혼란스럽게 만드는 것은 바로 역사의 신비함에 관한 문제입니다. 이것이 20세기의 문제 중의 문제입니다. 이 문제는 이 시대의 사건들 속에서 자연스럽게 제기됩니다.

우리의 아버지나 할아버지 세대까지만 하더라도 역사의 문제에는 특별히 관심을 기울이지 않았습니다. 왜냐하면 그들은 삶이 반드시 완벽이라는 아름다운 목표를 향하여 유유자적하게 흘러간다고 믿었기 때문입니다. 그들은 곧 약속의 땅을 차지하게 되리라고 믿었습니다. 그저 조용히 나아가기만 하면 곧 목표 지점에 도착하게 되리라고 믿었습니다. 그러나 20세기를 살아가는 우리의 경우, 여러 가지 사건들을 겪으면서 우리의 근본적인 문제가 흔들렸으며, 우리의 신앙마저도 쓰라린 시험을 겪어야 했습니다. 예를 들어, 사람들은 두 번의 파괴적인 세계대전을 이해할 수 없었습니다. 왜냐하면 이런 사건들은 하나님의 섭리를 말하는 성경의 가르침과 조화되지 않기 때문입니다.

그러나 여기서 반드시 짚고 넘어가야 할 부분이 있습니다. 즉, 이 문제는 그 누구에게든 불만이나 혼란을 주기 위해 존재하는 것이 결코 아닙니다. 이 점에 대하여 성경은 명백하게 가르칩니다. 어떤 관점에서 보면 과학과 종교에 관해서도 혼란스러워할 필요가 없었습니다. 특히 성경은 역사의 문제에 관한 혼란을 매우 명백하게 다루고 있습니다. 그러므로 어느 누구도 이 문제에 관하여 혼란스러워할 필요가 없습니다. 그러면 왜 사람들은 이 문제로 혼란스러워할까요?

　가장 주된 이유는, 사람들이 성경을 매우 좁은 의미로만 사용하기 때문입니다. 즉, 성경을 개인의 구원에 대한 교과서 정도로만 이해하기 때문입니다. 많은 사람들이 성경의 주제가 오직 하나님과 인간의 개인적인 관계에 대한 것이라고 생각합니다. 물론 이것은 성경의 가장 주된 주제 중 하나이며, 우리는 우리를 소망 없는 절망에 내버려 두지 않고 구원을 베푸신 하나님께 감사합니다. 그러나 이것만이 성경의 주제는 아닙니다. 성경은 개인의 구원 문제를 넘어 더 넓은 의미의 구원을 다루고 있습니다. 궁극적으로 성경의 주된 메시지는 온 세상의 상황 및 그 운명과 관련되어 있습니다. '나와 너'라는 개인은 그 큰 전체의 작은 한 부분일 뿐입니다. 바로 이런 이유로 성경은 인간의 창조에서부터 출발하지 않고 이 세상의 창조에서부터 출발합니다.

　그러므로 역사의 문제에 대한 혼란이 생기는 이유는, 우리는 오로지 우리의 개인적인 문제에만 관심을 갖는 반면 성경은 훨씬 더 넓은 세계관으로 그 모든 문제를 바라보기 때문입니다.

만일 우리가 성경의 특별한 세계관을 이해하지 못한다면, 우리가 경험하는 이 세상의 일들이 절망으로 다가오는 것도 그리 놀랄 일이 아닙니다. 반면 자신이 좋아하는 시편이나 산상수훈, 또는 재미있는 복음서의 이야기만을 선택해서 보지 않고 성경 전체를 바르게 읽으며 그 메시지를 제대로 이해한다면, 우리는 성경 안에 역사를 이해하는 깊은 철학과 특별한 세계관이 있음을 알게 될 것입니다. 이러한 성경의 내용은 우리로 하여금 오늘날의 일들을 이해하게 하며, 역사 속에서 일어나는 그 어떤 일도 하나님의 계획에서 벗어나 있지 않음을 알게 합니다. 성경의 위대하고 숭고한 가르침은 온 세상과 그 운명에 관한 총체적인 질문에 관심을 둡니다.

이런 점과 관련하여 하박국의 선지서는 역사의 문제에 대한 완벽한 예를 제시합니다. 하박국 선지자는 역사의 문제를 매우 흥미로운 방식으로 다룹니다. 그는 역사의 문제를 학문적이거나 신학적인 역사 철학의 방식으로 다루지 않습니다. 그는 그 문제를 한 사람으로서 선지자 자신이 가지고 있는 개인적인 고민의 차원으로 다룹니다. 그는 이런 자신의 경험을 이야기하기 위해서 한 권의 책을 쓴 것입니다.

여기에는 세상에서 일어나는 일들로 인해 매우 혼란스러워하는 한 사람이 있습니다. 그는 자신이 보고 있는 일들과 자신이 믿는 바를 조화시키고자 노력했습니다. 성경의 다른 곳, 특히 시편에도 역사적 질문에 대해 이와 같이 접근하는 모습이 나타납니다. 또한 모든 선지자들도 동일한 방식으로 역사의 문제를 다룹니다. 구약성경에서만 이 문제를 다루는 것이 아닙니다. 주의 깊은 독자들은 이와 같은 질문이 신약성경에서도 이어지고 있음을 발견할 것입니다. 성경에서 역사에 대해 안내받고, 요한계시록에서 역사의 또 다른 관점을 만나며, 그 역사가 부활하신 그리스도와 교회와 어떤 관계를 맺는지 알게 될 것입니다. 이처럼 '역사의 문제'가 성경의 핵심 주제라는 사실을 반드시 깨달아야 합니다.

하박국서를 연구하면서 가장 먼저 선지자를 개인적으로 괴롭힌 당시의 상황에 대해 살펴보아야 합니다. 그다음으로 우리는 거기서부터 특정한 원리들을 추론할 수 있을 것입니다. 그리고 결론적으로 우리는 선지자를 그토록 혼란스럽게 만들었던 모든 일들이 본질적으로 오늘날 많은 사람들이 세상에 나타나는 현상을 성경의 가르침, 특히 하나님의 존재와 특성에 대한 가르침에 충실하게 해석하려 할 때 부딪히게 되는 혼란과 동일하다는 것을 보게 될 것입니다.

선지자는 매우 타락한 이스라엘을 보았습니다. 이스라엘은 하나님으로부터 돌아서 하나님을 잊고 살았습니다. 이스라엘은 거짓 신과 가치 없는 욕심에 자신을 내주었습니다. 그래서 선지자는 격렬한 고통을 마음에 안고 크게 외칩니다.

"여호와여 내가 부르짖어도 주께서 듣지 아니하시니 어느 때까지리이까? 내가 강포로 말미암아 외쳐도 주께서 구원하지 아니하시나이다. 어찌하여 내게 죄악을 보게 하시며 패역을 눈으로 보게 하시나이까? 겁탈과 강포가 내 앞에 있고 변론과 분쟁이 일어났나이다. 이러므로 율법이 해이하고 정의가 전혀 시행되지 못하오니, 이는 악인이 의인을 에워쌌으므로 정의가 굽게 행하여짐이니이다"(합 1:2-4).

얼마나 끔찍한 상황입니까! 죄와 부도덕과 악덕이 걷잡을 수 없이 퍼지고, 심지어 정부의 일을 맡은 권위 있는 자들마저도 게으름과 나태함에 빠져 있었습니다. 그들은 공정하고 정직하게 법을 집행하지 않았습니다. 무법이 만연하였으며, 누군가가 선지자처럼 사람들을 동원해 항의하려고 하면 권위 있는 자들이 변론과 분쟁을 일으켰습니다. 도덕과 정치의 전반적인 타락에 이어 아주 심각한 종교적 타락이 나타났습니다. 이 모든 상황이 당시 하박국 선지자를 혼란스럽게 만들었습니다.

매우 큰 문제가 아닐 수 없습니다. 그는 왜 하나님이 이 모든 일을 허용하시는지를 도대체 이해할 수 없었습니다. 그는 하나님께 이런 상황을 놓고 기도했지만, 불만스럽게도 하나님은 전혀 응답하시지 않는 듯했습니다.

"여호와여 내가 부르짖어도 주께서 듣지 아니하시니 어느 때까지리이까? 내가 강포로 말미암아 외쳐도 주께서 구원하지 아니하시나이다"(합 1:2).

그러나 불행하게도 선지자에게 이것은 그저 고민의 시작일 뿐이었습니다. 왜냐하면 하나님께서 자신의 기도를 듣지 않고 응답하지 않으신다는 그의 불평에, 하나님께서 전혀 예상하지 못한 답을 주셨기 때문입니다.

"너희는 여러 나라를 보고 또 보고 놀라고 또 놀랄지어다. 너희의 생전에 내가 한 가지 일을 행할 것이라. 누가 너희에게 말할지라도 너희가 믿지 아니하리라. 보라 내가 사납고 성급한 백성, 곧 땅이 넓은 곳으로 다니며 자기의 소유가 아닌 거처들을 점령하는 갈대아 사람을 일으켰나니"(합 1:5,6).

하나님께서 선지자에게 이렇게 말씀하신 것입니다. "그래, 알았다! 나는 너의 기도를 지금까지 항상 들어 왔다. 이제 내가 어떻게 행할지 알려 주겠다. 나는 갈대아 사람을 일으킬 것이다."

갈대아 사람은 당시 강대국이었던 앗수르 사람들과 비교할 때 매우 보잘것없는 사람들이었습니다. 그런데 하나님이 자신의 백성에게 죄악을 허용하신 것에 대해 이미 혼란스러워하는 하박국에게 이제 하나님께서 보잘것없고 하나님을 모르는 이방 민족을 일으켜 자신의 백성을 벌하고 땅을 정복하게 할 것이라고 말씀하시는 것입니다. 바로 이 문제에 대해서 함께 연구해 봅시다.

| 하박국 개요 |

  1장 5-11절에서 하나님은 하박국 선지자에게 자신이 행할 일에 대해서 알려 주십니다. 하나님은 이스라엘의 대적의 능력을 나타내 보이시고, 그 대적으로 하여금 파괴적인 결과를 낳게 하리라고 말씀하십니다. 또한 그 대적이 자신들의 신과 능력에 승리의 영광을 돌리는 교만한 행위에 대해서 묘사하십니다. 이어서 우리는 1장 12절에서부터 2장 1절까지의 말씀을 통해 선지자가 이 문제로 괴로워하는 것을 봅니다. 그리고 2장의 나머지 부분에는 하나님께서 하박국 선지자에게 은혜를 베푸시고 그 모든 상황 속에서 하나님이 선지자의 이해를 어떻게 도우시는지가 나타납니다. 하나님은 하박국에게 성경적 철학과 역사에 대한 놀라운 깨달음을 주시고, 이 모든 것들이 하나님의 거룩하심 및 위대하심과 어떻게 조화를 이루는지를 알려 주십니다. 그리고 결국 모든 일이 완벽하게 하나님의 뜻대로 이루어질 것이라고 말씀하십니다. 마지막으로 3장에는 하나님의 응답에 대한 선지자의 반응이 나타납니다.

1장
이해하기 어려운 하나님의 방법

•
•

하박국 1장 1–11절

"¹선지자 하박국이 묵시로 받은 경고라 ²여호와여 내가 부르짖어도 주께서 듣지 아니하시니 어느 때까지리이까 내가 강포로 말미암아 외쳐도 주께서 구원하지 아니하시나이다 ³어찌하여 내게 죄악을 보게 하시며 패역을 눈으로 보게 하시나이까 겁탈과 강포가 내 앞에 있고 변론과 분쟁이 일어났나이다 ⁴이러므로 율법이 해이하고 정의가 전혀 시행되지 못하오니 이는 악인이 의인을 에워쌌으므로 정의가 굽게 행하여짐이니이다 ⁵여호와께서 이르시되 너희는 여러 나라를 보고 또 보고 놀라고 또 놀랄지어다 너희의 생전에 내가 한 가지 일을 행할 것이라 누가 너희에게 말할지라도 너희가 믿지 아니하리라 ⁶보라 내가 사납고 성급한 백성 곧 땅이 넓은 곳으로 다니며 자기의 소유가 아닌 거처들을 점령하는 갈대아 사람을 일으켰나니 ⁷그들은 두렵고 무서우며 당당함과 위엄이 자기들에게서 나오며 ⁸그들의 군마는 표범보다 빠르고 저녁 이리보다 사나우며 그들의 마병은 먼 곳에서부터 빨리 달려오는 마병이라 마치 먹이를 움키려 하는 독수리의 날음과 같으니라 ⁹그들은 다 강포를 행하러 오는데 앞을 향하여 나아가며 사람을 사로잡아 모으기를 모래같이 많이 할 것이요 ¹⁰왕들을 멸시하며 방백을 조소하며 모든 견고한 성들을 비웃고 흉벽을 쌓아 그것을 점령할 것이라 ¹¹그들은 자기들의 힘을 자기들의 신으로 삼는 자들이라 이에 바람같이 급히 몰아 지나치게 행하여 범죄하리라"(합 1:1-11).

하박국의 메시지는 오늘날 역사의 문제로 인해 혼란스러워하는 많은 사람들에게 반드시 필요한 메시지입니다. 이 장에서는 두 가지 진술을 통해 이 문제를 다루고자 합니다.

신비한 하나님의 방법

하나님의 침묵

하나님의 일하심에 대해서 연구할 때 우리가 가장 먼저 발견하게 되는 사실은, 매우 위급한 상황 속에서 하나님이 이상하게 침묵하거나 아무런 행동도 하지 않는 것처럼 보인다는 것입니다. 왜 하나님은 특정한 일들이 일어나도록 내버려 두실까요? 왜 오늘날 기독교가 이런 모습일까요? 최근 4, 50년 동안의 교회 역사를 살펴보십시오. 왜 하나님은 그런 환경들을 허용하셨을까요? 왜 하나님은 '모더니즘modernism'이 성행하고, 그로 말미암아 믿음이 약해질 뿐 아니라 심지어 신앙의 기본 진리가 부인되는 것을 허용하셨을까요? 왜 하나님은 신성모독을 행하고 신앙을 부인하는 사람들을 심판하지 않으실까요? 왜 하나님은 옳지 않은 수많은 일들, 심지어 그 일들이 하나님의 이름으로 행해지는 것조차도 그냥 내버려 두실까요?

또한 왜 하나님은 자신의 신실한 백성들의 기도에 응답하지 않으실까요? 우리는 부흥을 위해 3, 40년 동안 기도해 왔습니다. 우리는 참으로 마음을 다해 열심히 기도했고, 이 시대의 상황들을 한탄하면서 울부짖었습니다. 그러나 아무 일도 일어나지 않았습니다. 많은 사람들이 하박국 선지자처럼 하나님께 묻습니다.

"여호와여 내가 부르짖어도 주께서 듣지 아니하시니 어느 때까지리이까? 내가 강포로 말미암아 외쳐도 주께서 구원하지 아니하시나이다"(합 1:2).

이 질문은 교회에만 해당되는 질문이 아닙니다. 이것은 많은 사람들에게 개인적인 차원에서 적용되는 문제이기도 합니다. 자신에게 정말 소중한 사람을 위해 수년 동안 기도했지만 하나님이 응답하시지 않는 것 같습니다. 그들은 자신에게 이렇게 묻습니다. "한 사람이 그리스도인으로 거듭나는 것이 틀림없는 하나님의 뜻이 아닌가? 나는 지금까지 수년 동안 그 사람의 구원을 위해서 기도해 왔다. 그러나 아무 일도 일어나지 않는다. 왜 그럴까? 왜 하나님은 침묵하실까?"

사람들은 이 문제에 대해 인내하면서 기다리지 못합니다. 왜 하나님은 우리의 기도에 응답하지 않으실까요? 거룩하신 하나님이 그분의 교회가 오늘날과 같은 모습이 되기까지 허용하신 것을 과연 어떻게 이해해야 할까요?

이해하기 어려운 하나님의 응답

하나님의 일하심에 대해서 연구할 때 우리가 두 번째로 발견하게 되는 사실은, 하나님께서 종종 우리의 기도에 전혀 예상하지 못한 응답을 주신다는 것입니다. 무엇보다 바로 이 사실이 하박국을 가장 당황스럽게 만들었습니다. 하나님은 매우 오랜 시간 전혀 응답하시지 않았습니다. 그런데 하나님이 비로소 답을 주셨을 때, 그 내용은 하나님께서 그의 기도에 응답하지 않으신 것보다 더 이해하기 어려운 것이었습니다.

하박국은 하나님께서 이스라엘을 혼낸 후에 큰 부흥을 내리시리라 확신하고 있었습니다. 그러나 하나님은 "나는 갈대아 사람을 일으켜 너의 도시들을 점령하고 파괴할 것이다"라고 응답하셨습니다(합 1:6 참고). 하박국 선지자는 하나님께서 이러한 답변을 주시리라고는 전혀 상상하지도 못했습니다. 그러나 분명히 하나님께서 그렇게 말씀하셨고, 결국 그 말씀대로 모든 일이 이루어졌습니다.

존 뉴턴John Newton은 하박국이 겪은 것과 비슷한 자신의 경험을 시로 표현했습니다. 그는 영적으로 더 풍요로운 삶을 살기를 원했습니다. 그래서 그는 하나님을 더 깊이 알게 해 달라고 구했습니다. 그는 하나님께서 하늘을 가르고 임하여 그의 삶에 놀라운 복을 쏟아 부으시리라 기대했습니다. 그러나 기대했던 경험은커녕, 뉴턴은 여러 달 동안 마치 하나님이 자신을 사탄에게 버려두신 것같이 느낄 뿐이었습니다. 그는 이해할 수 없는 유혹과 시험에 시달렸습니다. 그러나 마침내 이것이 그의 기도에 대한 하나님의 응답임을 깨닫게 되었습니다. 하나님은 그를 아주 깊고 낮은 자리에 이르게 함으로써 전적으로 하나님만 의지하는 법을 가르쳐 주셨습니다. 그리고 뉴턴이 이 사실을 깨닫자 비로소 하나님은 그를 시험에서 건져 주셨습니다.

우리는 모두 우리의 기도 제목에 대해 자기 나름대로의 처방을 가지고 있습니다. 우리는 하나님이 오직 한 가지 방법으로 일하실 것이라고 생각합니다. 그러나 성경은 하나님께서 때로는 상황이 좋아지기도 전에 훨씬 더 나쁜 상황을 허용하는 방법으로 우리의 기도에 응답하신다는 것을 가르쳐 줍니다. 하나님은 우리가 기대한 바와 정반대로 행하시기도 합니다. 하나님은 갈대아 군대를 일으켜 우리와 맞서게 하심으로써 우리를 제압하시기도 합니다. 이처럼 하나님을 대할 때 우리는 항상 예상하지 못한 일들을 만날 준비를 해야 합니다. 이것이 우리의 삶과 신앙 여정의 기본 원리입니다.

만일 40년 전 우리의 아버지 세대가 오늘날 교회의 상황에 대해 미리 알았다면 어떤 생각을 했을까요? 그들은 당시의 상황에도 불만족스러워했는데 말입니다. 그들은 이미 그때 함께 모여 하나님을 찾으며 부흥을 구했습니다. 만일 그들이 오늘날과 같은 교회의 모습을 본다면 자신들의 눈을 도저히 믿지 못할 것입니다. 교회가 영적으로 그때보다 더 타락하게 되리라고는 상상도 하지 못했을 것입니다. 그러나 하나님은 이러한 일들이 일어나는 것을 허용하셨습니다. 전혀 기대하지 않은 응답입니다. 우리는 하나님께서 궁극적으로 더 좋은 것을 주기 위하여 더 나쁜 것을 허용하신다는 희망을 가질 뿐입니다.

하나님의 특이한 도구

하나님의 일하심에서 우리가 발견하는 세 번째 놀라운 사실은, 하나님께서 자신의 교회와 백성을 바로잡는 데 때로는 이상한 도구들을 사용하신다는 것입니다. 하나님은 많은 민족들 중에서 하필이면 갈대아 사람들을 일으켜 이스라엘 백성을 꾸짖겠다고 하십니다! 이것은 생각할 수조차 없는 일이었습니다. 그러나 성경은 이 사실을 분명하게 전하고 있습니다. 하나님은 원하신다면, 심지어 신앙이 없는 갈대아 사람까지도 사용하신다는 것입니다. 이미 역사 속에서 하나님은 자신의 목적을 이루고자 여러 종류의 예상치 못한 도구들을 사용하셨습니다.

이 사실은 오늘날과도 깊은 연관성을 가집니다. 성경에 따르면, 오늘날 전 세계에서 일어나고 있는 일들도 이와 같은 맥락에서 생각해야 합니다. 오늘날 많은 그리스도인들을 두렵게 만드는 공산주의도 하나님께서 자신의 백성을 다루기 위해 사용하시는 하나의 도구라고 말할 수 있을 것입니다.

중요한 것은 이것입니다. 만일 우리가 이런 일들을 바르게 보지 못한다면, 우리의 기도는 잘못된 인식과 방향으로 나아가게 될 것입니다. 우리는 교회의 실태를 깨닫고 그 부당성을 인식해야 합니다. 어쩌면 오늘날 교회에 가장 적대적인 세력이 바로 하나님께서 자신의 뜻을 이루시기 위해 사용하는 도구일 수도 있다는 것을 우리는 이해해야 합니다. 선지자는 하나님께서 매우 특이한 도구를 사용하실 수도 있다는 것을 명백하게 가르칩니다. 하나님은 때로 우리가 예상하지 못한 최후의 수단을 사용하시기도 합니다.

하나님의 방법에 대한 오해

종교적이고도 무관심한 사람들의 오해

하나님의 방법은 주로 신비하고 당황스럽습니다. 그래서 많은 사람들이 하나님께서 하신 일에 놀랍니다. 먼저, 종교적이면서도 무관심한 사람들이 매우 놀라워합니다. 하박국 1장 5절에서 하나님은 무관심하고 게을러진 이스라엘의 불신자들에게 이렇게 말씀하십니다.

"너희는 여러 나라를 보고 또 보고 놀라고 또 놀랄지어다. 너희의 생전에 내가 한 가지 일을 행할 것이라. 누가 너희에게 말할지라도 너희가 믿지 아니하리라."

그들은 이와 같은 태도를 취하는 듯합니다. "선지자가 하나님께서 갈대아 사람들을 사용하실 것이라고 말한다. 마치 하나님께서 진짜로 그렇게 행하실 것처럼 말이다! 그러나 그런 위험한 일은 진짜로 일어나지 않는다. 그의 말을 듣지 말아라. 선지자들은 항상 우리에게 경고하고 불행한 일이 일어날 것이라고 우리를 협박한다. 하나님께서 이스라엘을 꾸짖기 위해 갈대아 사람들을 일으켜 세우신다니! 그것은 있을 수 없는 일이다!"

이스라엘 백성들은 선지자들의 말을 전혀 믿지 않았습니다. 그러나 하나님은 정확히 말씀하신 대로 자신의 백성들을 다루셨습니다.

노아의 홍수 때부터 이스라엘은 이러한 태도를 취해 왔습니다. 하나님은 노아를 통해 옛 세상을 심판하리라고 경고하셨습니다.

"나의 영이 영원히 사람과 함께하지 아니하리니"(창 6:3).

그러나 사람들은 그 경고를 비웃으며 터무니없는 것으로 여겼고, 그런 일이 절대 일어나지 않을 것이라고 생각했습니다. 소돔과 고모라도 마찬가지였습니다. 태평한 사람들은 그들의 도시가 파괴될 것이라는 말을 전혀 믿지 않았습니다. 그들은 그런 심판이 있기 전에 하나님께서 개입하실 것이라고 말했으며, 큰 어려움을 당하기 전에 하나님이 그들을 구원해 주시리라 기대하면서 안일함에 빠져 있었습니다. 하박국 시대에도 이스라엘 백성들은 동일한 태도를 보였습니다. 그러나 하나님은 마침내 갈대아 사람들을 일으키셨고, 이스라엘은 결국 정복당하고 말았습니다. 이스라엘 백성들은 비참하게 포로로 끌려갔습니다.

이러한 원리가 가장 잘 드러난 예가 사도행전 13장 16-41절에 기록되어 있습니다. 사도 바울은 하박국 1장 5절을 인용하여 자신의 현재 상황에 적용합니다. 그는 사실상 이렇게 이야기합니다. "사람이 너희에게 일러 줄지라도 너희들의 조상들처럼 너희도 도무지 믿지 못할 것이다. 이스라엘이 메시아를 알아보지 못하고 오히려 그분을 십자가에 못 박고 이제 그분의 복음도 믿기를 거부하니, 하나님께서 결국 심판을 내리실 것이다. 주님께서 로마를 일으켜 너희의 성전을 파괴할 것이며, 너희들도 여러 나라에 내버려지는 신세가 될 것이다. 하박국 선지자가 이미 이 사실을 예언했는데도 너희들은 이 말을 믿지 않고 여전히 하나님의 말씀을 무시하는구나."

주후 70년은 어김없이 찾아왔습니다. 로마 군대가 예루살렘을 둘러싸고 성전을 파괴했습니다. 그리하여 유대인들은 여러 나라로 흩어졌고, 오늘날까지 흩어진 채로 살아가고 있습니다.

무관심한 종교인들은 결코 선지자들의 말을 믿지 않습니다. 그들은 언제나 "하나님은 절대 그렇게 행하지 않으실 것이다!"라고 말합니다. 그러나 기억하십시오. 하나님은 분명히 그렇게 행하실 수 있습니다. 하나님은 자신의 백성을 꾸짖고 가르치기 위해 오늘날의 공산주의를 사용하실 수도 있습니다. 그러므로 우리는 더 이상 우쭐대고 게으름을 피우면서 "하나님께서 절대로 그런 도구를 사용하실 수 없다"라고 말하면서 살아가서는 안 됩니다. 우리는 시온에 편히 머물러 하나님의 경고를 깨닫지 못했던 사람들의 모습을 보면서 절대 마음을 놓아서는 안 됩니다.

세상의 오해

두 번째로, 하나님의 방법은 세상을 매우 놀라게 합니다.

"그들은 자기들의 힘을 자기들의 신으로 삼는 자들이라. 이에 바람같이 급히 몰아 지나치게 행하여 범죄하리라"(합 1:11).

갈대아 사람들은 자신들이 하나님께 사용되고 있다는 사실을 깨닫지 못하고, 오히려 승리의 영광을 자신들의 신에게로 돌렸습니다. 그들은 자신들이 강한 군사력 때문에 승리했다고 생각하고는 그 능력을 자랑했습니다. 그러나 하나님은 곧 그들의 능력으로 이긴 것이 아님을 보여 주셨습니다. 그리고 하나님께서 그들을 일으킨 것처럼 그들을 멸망시킬 수도 있다는 사실을 보여 주셨습니다. 그런데 세상뿐만 아니라 심지어 하나님의 백성들도 이러한 하나님의 방법을 이해하지 못했습니다.

역사의 다양한 시대에 하나님의 목적을 위해 사용된 교만한 세력들은 항상 자신들의 성공과 성취를 자랑했습니다. 현대의 과학적 진보나 정치 체계를 자랑하는 것도 바로 그러한 예입니다. 기독교 신앙의 대적들은 교회가 점점 쇠약해지는 데

반해 자신들의 영향력이 점점 커지는 것을 보면서 자신들의 승리의 영광을 '자신들의 신'에게로 돌립니다. 엄청난 세력들이 일어나 잠시 지배력을 행사하면서 자신들의 성공에 심취합니다. 그러다가 어느 순간 갑자기 넘어져 있는 자신의 모습을 발견하게 됩니다. 이처럼 그들은 역사의 진정한 의미를 결코 깨닫지 못합니다.

선지자의 오해

마지막으로, 선지자도 하나님의 방법을 이해할 수 없었습니다. 그러나 그는 앞의 두 부류의 사람들과는 매우 다르게 반응합니다. 그는 하나님께 현재 일어나고 있는 모든 일이 어떻게 하나님의 거룩하심과 조화될 수 있는지를 여쭈었습니다. 그는 이렇게 외쳤습니다.

"여호와여 내가 부르짖어도 주께서 듣지 아니하시니 어느 때까지리이까? 내가 강포로 말미암아 외쳐도 주께서 구원하지 아니하시나이다. 어찌하여 내게 죄악을 보게 하시며 패역을 눈으로 보게 하시나이까? 겁탈과 강포가 내 앞에 있고 변론과 분쟁이 일어났나이다"(합 1:2,3).

성경에 나타나는 일반적인 원리

이러한 역사의 문제에 대한 답을 얻기 위하여 성경에 일반적으로 나타나는 원리들을 정리해 봅시다.

역사를 주관하시는 하나님

"보라 내가 사납고 성급한 백성 곧 땅이 넓은 곳으로 다니며 자기의 소유가 아닌 거처들을 점령하는 갈대아 사람을 일으켰나니"(합 1:6).

하나님은 이스라엘뿐만 아니라 그들의 원수인 갈대아 사람들도 지배하십니다. 온 세상의 모든 나라가 하나님의 손 아래 있습니다. 궁극적으로 이 세상에서 하나님의 지배를 받지 않는 세력은 하나도 없습니다. 세상일들은 겉으로 보이는 것이 전부가 아닙니다. 갈대아 사람들이 세력을 떨치게 된 것은 마치 그들의 빈틈없는 군사력 때문인 것처럼 보였습니다. 그러나 그것은 결코 사실이 아니었습니다. 하나님께서 그들을 높여 주셨기 때문에 그들이 큰 세력을 떨칠 수 있었습니다.

오직 하나님만이 모든 역사의 주인이 되십니다. 하늘 보좌에 계신 하나님께는 열방이 통의 한 방울 물과 같고 저울의 작은 티끌 같으며, 메뚜기 같습니다(사 40:15,22 참고). 성경은 하나님께서 모든 것 위에 계신다고 단언합니다. 하나님께서 역사를 시작하고 그 역사를 지배하며, 시작하신 그분이 결국 역사를 끝내실 것입니다. 우리는 이 중요한 사실을 절대로 잊지 말아야 합니다.

하나님의 계획에 따라 전개되는 역사

세상의 일들은 아무런 이유 없이 일어나지 않습니다. 모든 사건들은 우연히 일어나지 않습니다. 왜냐하면 역사에는 분명한 계획이 있고, 태초부터 모든 것이 미리 정해져 있기 때문입니다. '시초부터 종말을 보시는'(사 46:10 참고) 하나님이 모든 일에 목적을 두었으며, '때와 시기'(행 1:7)를 아십니다. 하나님은 언제 이스라엘에게 복을 내려야 할지, 또 언제 복을 내리지 말아야 할지를 아십니다. 모든 일이 하나님의 손에 달려 있습니다. 그리고 바로 '때가 차매'(갈 4:4) 자신의 아들을 보내셨습니다. 하나님은 때가 이르기 전에 뛰어난 사상을 가진 매우 위대한 철학자들을 이 세상에 보내셨습니다. 그리고 잘 정돈된 정권과 도로를 건설하는 능력과 뛰어난 법률 체계로 전 세계에 영향을 끼친 로마를 일으키셨습니다. 이 모든 일이 일어난 후에 하나님은 자신의 아들을 보내셨습니다. 하나님께서 이것을 다 계획하셨습니다.

역사의 모든 일에는 반드시 목적이 있습니다. 오늘날 일어나고 있는 모든 일들도 결코 우연이 아닙니다. 교회가 하나님의 계획의 중심에 있다는 사실을 기억하십시오. 19세기의 교회가 가졌던 자만심과 교만을 잊지 마십시오. 자기만족에 취해 세련된 설교나 지식을 자랑하는 사역은 좋아하면서도 회심이나 성령의 사역에 대해서는 말하기를 부끄러워했던 19세기 교회의 모습을 보십시오. 번영을 누린 빅토리아 시대의 사람들이 예배를 아주 편하게 즐기던 모습을 보십시오. 과학에 대한 믿음, 그리고 계시를 언제든 철학과 바꾸려는 태도에 주목하십시오. 신약성경의 참된 의미가 얼마나 자주 거부당합니까! 교회는 마땅히 응징을 받아야 했습니다. 이러한 19세기 교회의 모습을 생각해 볼 때, 20세기 교회의 모습을 쉽게 이해할 수 있을 것입니다. 이 모든 일 가운데는 분명히 우리가 인식할 수 있는 하나님의 계획이 있습니다.

하나님의 때를 따라 전개되는 역사

하나님은 우리와 상의하기 위해 멈추시지 않습니다. 모든 일은 '하나님의 뜻'에 따라 일어납니다. 하나님께는 하나님의 시간과 방법이 있습니다. 하나님은 거기에 따라 행하고 일하십니다.

하나님의 나라와 밀접하게 관련되어 있는 역사

세계 역사의 핵심은 '하나님 나라'에 있습니다. 구약성경에서 언급되는 이방 나라들은 오직 이스라엘의 운명과 관련해서만 의미를 지닙니다. 마찬가지로 오늘날에도 모든 역사는 궁극적으로 오직 교회의 역사와 관련해서만 의미를 지닙니다. 이 세상에서 참으로 중요한 것은 하나님의 나라입니다. 하나님은 태초부터, 그리고 인간이 타락한 후에도 계속해서 이 세상에 새 나라를 세우기 위해 일하셨습니다. 하나님은 자신의 나라를 세우고는 자신의 백성들을 불러 세상으로부터 나와 자신의 나라로 들어오게 하십니다.

그래서 이 세상에서 일어나는 모든 일은 하나님의 나라와 관련이 있습니다. 그 나라는 아직 완성되지 않았습니다. 그러나 마침내 완성되어 그 무한한 영광에 이르게 될 것입니다. 세상의 다른 모든 일들은 이렇게 완성되는 하나님 나라의 영광과 관련될 때 중요성을 갖게 됩니다. 따라서 오늘날의 모든 문제들도 이러한 조명 아래서 이해되어야 합니다. 하나님께서 오늘날 이 세상에서, 또한 교회에서 일어나도록 허용하시는 모든 일들이 교회와 하나님의 나라를 위한 위대한 목적과 관련되어 있습니다.

그러므로 이 세상에 아무리 놀라운 일들이 일어난다 하더라도 넘어지지 마십시오. 대신 이렇게 질문해 보십시오. "이 사건이 하나님의 나라와 어떻게 관련되어 있을까?" 만일 개인적으로 당신에게 의아한 일들이 일어난다면, 불평하지 말고 다음과 같이 질문해 보십시오. "하나님께서 이 일을 통해 내가 무엇을 배우기를 원하시는가? 내가 반성하고 고쳐야 할 부분이 있는가? 내가 무엇을 잘못했으며, 왜 하나님께서 이런 일들을 허용하시는 것일까?" 우리가 그 의미를 깨달을 때 비로소 그 사건들이 우리에게 의미 있게 다가올 것입니다.

혼란스러워하면서 하나님의 사랑과 정의를 의심할 필요가 없습니다. 만일 하나님이 우리의 기도를 단번에, 우리가 원하는 방법대로 들어주셨다면, 우리는 매우 빈곤한 그리스도인이 되었을 것입니다. 그러나 다행히도 하나님은 우리의 삶에 있어서는 안 될 이기주의 등을 다루기 위해 가끔 응답을 미루시기도 합니다. 하나님은 우리에게 관심을 가지고 자신의 나라에서 우리가 더욱 완전한 자리를 차지할 수 있도록 우리를 이끌어 가십니다. 그러므로 우리는 하나님의 위대하고도 영원하며 영광스러운 목적의 빛 안에서 이 모든 사건을 생각해야 합니다.

2장
혼란스러워하는 선지자

•
•

하박국 1장 12-17절(12,13절 중심으로)

the Prophet's
Perplexity

"¹²선지자가 이르되 여호와 나의 하나님, 나의 거룩한 이시여 주께서는 만세 전부터 계시지 아니하시니이까 우리가 사망에 이르지 아니하리이다 여호와여 주께서 심판하기 위하여 그들을 두셨나이다 반석이시여 주께서 경계하기 위하여 그들을 세우셨나이다 ¹³주께서는 눈이 정결하시므로 악을 차마 보지 못하시며 패역을 차마 보지 못하시거늘 어찌하여 거짓된 자들을 방관하시며 악인이 자기보다 의로운 사람을 삼키는데도 잠잠하시나이까 ¹⁴주께서 어찌하여 사람을 바다의 고기 같게 하시며 다스리는 자 없는 벌레 같게 하시나이까 ¹⁵그가 낚시로 모두 낚으며 그물로 잡으며 투망으로 모으고 그리고는 기뻐하고 즐거워하여 ¹⁶그물에 제사하며 투망 앞에 분향하오니 이는 그것을 힘입어 소득이 풍부하고 먹을 것이 풍성하게 됨이니이다 ¹⁷그가 그물을 떨고는 계속하여 여러 나라를 무자비하게 멸망시키는 것이 옳으니이까"(합 1:12-17).

그리스도인이 신문을 읽고 이 세상에서 어떤 일들이 일어나고 있는지를 아는 것도 중요하지만, 그보다 더 중요한 것은 그 일들의 의미를 이해하는 것입니다. 우리가 살고 있는 이 시대에는 분명히 교회에 맞서는 심각한 위협들이 있습니다. 그래서 교회가 조심하지 않으면 마치 옛 이스라엘처럼 하나님께서 정하신 바에 어긋나는 정치적 협상을 맺는 실수를 저지를 수도 있습니다. 교회는 세상의 일들을 정치적인 안목이 아니라 영적인 안목으로 해석하고, 하나님께서 알려 주시는 방법으로 이해해야 합니다. 우리에게 매우 혐오스럽거나 파괴적으로 보이는 일이 하나님께서 우리를 벌하고 하나님과의 관계를 바르게 회복시키기 위해 사용하시는 수단일 수도 있습니다. 그러므로 우리는 섣불리 결론을 내려서는 안 됩니다.

역사의 문제에 대한 올바른 접근 방식

그리스도인의 삶에서 일어나는 문제나 혼란은 대부분 올바른 접근 방식에 대한 이해가 부족한 데서 비롯됩니다. 문제에 어떻게 접근해야 하는지를 아는 것은 그 답을 찾는 것보다 훨씬 더 중요합니다. 사람들은 대개 질문에 대해 분명한 답을 얻기를 원합니다. 그러나 성경이 항상 우리가 원하는 답을 주지는 않습니다. 성경은 우리에게 하나의 방법을 가르쳐 줍니다. 예상하지 못한 일들이 일어나고, 하나님이 매우 이상하고 독특한 방법으로 우리를 다루실 때, 우리는 어쩔 줄 몰라 하며 잘못된 결론을 내리려 하곤 합니다. 이와 관련하여 시편 73편은 우리가 입술로 경솔하게 말하는 것이 얼마나 위험한지를 가르쳐 줍니다.[1] 시편 기자는 악인의 형통함과 교만한 행위를 보고서 이렇게 외칩니다.

"내가 내 마음을 깨끗하게 하며 내 손을 씻어 무죄하다 한 것이 실로 헛되도다"(시 73:13).

경건한 삶을 사는 것이 무슨 소용이 있냐는 것입니다. 그러나 그는 곧바로 자신의 마음을 추스르며 이렇게 말합니다.

"내가 어쩌면 이를 알까 하여"(시 73:16).

---

[1] 역자주 – 시편 73편의 기자는 악인이 형통한 것을 보고는 자신의 신앙에 대해 회의를 가집니다. 그러나 신앙이 무슨 필요가 있는지를 한탄하던 그는 마침내 자신의 잘못을 깨닫고 다시금 마음을 추스르고 돌이킵니다. 시편 73편을 강해한 저자의 저서 『믿음의 시련』 Faith on trial(지평서원 간, 2009)을 참고하십시오.

그는 자신이 깊이 생각하지도 않고 경솔하게 말했음을 깨달았습니다.

모든 상황 속에서 우리는 올바른 접근 방식을 찾아야 합니다. 문제는 우리 각자에게도 생길 수 있고, 국가적으로도 발생할 수 있습니다. 또 역사적인 사건이라는 더 넓은 관점에서 세계 시민으로서 문제를 만날 수도 있습니다. 그러므로 여기서는 성경에서 자주 볼 수 있는 올바른 접근 방식의 완벽한 예를 조심스럽게 분석해 봅시다.

성경적인 접근 방식 The Method Described

멈추고 생각하라

첫째, 말하는 대신 생각해야 합니다. 야고보서에서는 다음과 같이 말합니다.

"듣기는 속히 하고 말하기는 더디 하며 성내기도 더디 하라"(약 1:19).

문제는 우리가 말하기는 속히 하고 성내기도 속히 하지만 생각하기는 더디 한다는 것입니다. 그러나 선지자는 우리가 가장 먼저 해야 할 일이 '생각하는 것'이라고 말합니다. 우리는 문제에 반응하기 전에 먼저 생각하도록 훈련해야 합니다. 이것을 계속 강조하는 것이 쓸데없는 일처럼 느껴질 수도 있지만, 우리는 대부분 이 부분에서 실수한다는 것을 매우 잘 알고 있습니다.

기본적인 원리부터 되짚으라

둘째, 생각할 때 당신 앞에 닥친 문제에서부터 출발하지 마십시오. 훨씬 더 거슬러 올라가 생각해야 합니다. '간접적인 접근 방법'을 사용해 보십시오. 이 방법은 군사 작전에서 자주 사용되는 원리를 응용한 것입니다. 2차 세계대전에서 연합군의 실제적인 적은 유럽에 주둔해 있는 독일군이었습니다. 그러나 연합군은 북아프리카에 있는 독일군을 공격해 이기는 일부터 시작했습니다. 이것이 바로 간접적인 접근 방법입니다. 이런 접근 방법은 때로 우리의 영적인 삶에서도 매우 중요한 역할을 합니다. 특히 우리가 지금까지 다루어 온 역사의 문제를 만날 때 그러합니다. 우리는 훨씬 더 과거로 거슬러 올라가 생각함으로써 눈앞의 문제에 간접적으로 접근해야 합니다.

가장 먼저 의심할 여지가 전혀 없는 분명하고도 확실한 사실을 상기해야 합니다. 그 내용을 적고 자신에게 이야기하십시오. "나는 무시무시하고 혼란스러운 상황 속에 있지만 적어도 내가 붙들 수 있는 탄탄한 근거가 있다." 광야를 걷고 있든지 산을 넘고 있든지 수렁을 만나든지, 그것을 넘어갈 수 있는 유일한 방법은 당신이 발을 디딜 수 있는 탄탄한 근거를 찾는 것입니다. 늪과 같이 빠지기 쉬운 곳들을 건너가려면 발판을 찾아야 합니다. 마찬가지로 영적인 문제에 관해서도 우리는 영원하고도 확실한 원리들로 돌아가야 합니다. 그렇게 할 때 인간의 생각은 분명히 변할 것입니다. 기본적인 원리로 돌아가는 순간 사람은 공포감에서 벗어나기 시작합니다. 이렇게 논쟁의 여지가 없는 확실한 근거로 우리의 마음을 안심시키는 것은 매우 좋은 방법입니다.

원리를 문제에 적용하라

기본적인 원리를 확실히 붙잡았다면 이제 다음 단계로 나아갈 수 있습니다. 당신을 괴롭히는 그 특정한 문제에 당신이 고백하는 확실한 원리를 적용해 보십시오. 오직 문제를 바른 맥락 속에 적용할 때 모든 문제들을 해결할 수 있다는 것은 분명한 사실입니다. 어려운 성경 구절을 해석하기 위해서는 그 구절의 문맥을 살펴보아야 합니다. 우리는 문맥에서 벗어나 구절을 해석하려고 하다가 그 의미를 자주 오해하게 됩니다. 그 구절을 바른 맥락과 상황 속에서 해석한다면, 그 맥락이 그 구절을 해석해 줄 것입니다. 이와 같이 우리가 염려하는 문제도 동일한 방법으로 해결할 수 있습니다.

믿음으로 문제를 하나님께 맡기라

이제 문제에 바르게 접근하는 마지막 단계입니다. 만일 당신이 여전히 답에 대해서 확신할 수 없다면 하나님께 문제를 가지고 나아가 내려놓으십시오. 하박국 1장 13절에서 선지자는 그렇게 행합니다.

"주께서는 눈이 정결하시므로 악을 차마 보지 못하시며 패역을 차마 보지 못하시거늘 어찌하여 거짓된 자들을 방관하시며 악인이 자기보다 의로운 사람을 삼키는데도 잠잠하시나이까."

12절 말씀과 13절 앞부분에서 선지자는 여전히 혼란스러워하고 있습니다. 그래서 그는 하나님께로 문제를 가지고 나아가 그 앞에 그대로 내려놓았습니다.

이처럼 올바른 접근 방식을 알게 되었다면 이제 모든 문제에 그대로 적용할 수 있습니다. 하나님이 여러 민족들을 이해할 수 없는 방식으로 다루시는 문제에서부터 이 세상에서 일어나는 문제들과 개인적인 어려움에 이르기까지, 모두 이 방법을 적용할 수 있습니다. 문제가 무엇이든 간에 먼저 멈추어 생각해 본 후, 기본적인 원리들을 기억하고 문맥 안에 문제를 적용하십시오. 그래도 여전히 혼란스럽다면 그 문제를 하나님께로 가지고 나아가 내려놓으십시오.

접근 방식의 적용

선지자가 자신을 혼란스럽게 만든 두 가지 주요한 문제에 이 접근 방식을 어떻게 적용하는지 함께 살펴봅시다. 하나는 하나님이 약하여 패배하신 것처럼 보이는 문제입니다. 그리고 또 하나는 하나님이 갈대아 사람들을 사용하신 것과 그분의 거룩한 속성이 어떻게 조화될 수 있는지 하는 문제입니다.

하나님의 일하지 않으심에 대한 이해

그 당시에 사람들은 이렇게 물었습니다. "왜 하나님은 갈대아 군대가 그들의 뜻대로 행하고 이런 참혹한 결과를 낳도록 허용하실까? 적의 세력 앞에서 하나님께서 아무 힘도 쓰지 못하시는 것일까?" 오늘날에도 사람들은 여전히 이렇게 질문합니다. "왜 하나님은 '고등 비평'과 같이 믿음을 약화시키는 영향력들을 허용하실까? 왜 하나님께서 이런 일들을 용인하실까? 왜 하나님께서 개입하지 않으실까? 하나님께서 막지 못하시기 때문일까? 왜 하나님은 전쟁을 허용하실까?"

• **하나님은 영원하시다.**

하박국 선지자는 자신의 문제에 대해서 말한 후에 이렇게 선포합니다.

"주께서는 만세 전부터 계시지 아니하시니이까?"(합 1:12)

여기서 선지자는 하나의 명제를 제시합니다. 그는 눈앞에 닥친 문제를 잠깐 뒤로 미루고 하나님에 대해서 확실히 알고 있는 사실에 관하여 질문합니다. 그가 가장 먼저 던진 질문은 "주께서는 만세 전부터 계시지 아니하시니이까?"입니다. 앞 구절에서 그는 갈대아 사람들이 자신들의 승리로 말미암아 자기들의 힘을 신으로 삼았다고 말했습니다(합 1:11 참고). 그러나 그렇게 말한 순간 그는 잠시 생각에 빠졌습니다. '자기들의 신? 자기들의 신은 누구인가? 결국 자기들이 만들어 낸 신이 아닌가? 그들의 신 벨Bel은 그들이 만든 신이다!'(사 46:1 참고) 그는 생각을 거듭하면서 자신이 확실히 알고 있는 사실을 기억해 냈습니다. 하나님은 영원한 하나님이시며, 만세 전부터 계시고 만세부터 만세까지 존재하시는 하나님이십니다. 하나님은 이방인들이 경배하는 신들과는 다른 분이십니다. 그분은 갈대아 사람들이 자랑스러워하는 신과는 다른 분이십니다. 그분은 영원부터 영원까지 존재하시는 하나님이십니다.

우리는 역사의 문제로 인한 압박과 이 세상에서 일어날 일들에 대하여 염려합니다. 그러나 우리가 경배하는 하나님은 변하는 역사에 영향을 받지 않는 분이십니다. 이 사실을 기억하는 것만큼 우리에게 위로가 되고 보장이 되는 것은 없습니다. 하나님은 역사보다 앞서 행하시며, 역사를 창조하십니다. 그분의 보좌는 세상과 시간을 초월하여 존재합니다. 그분은 영원 안에서 통치하시는 영원한 우리의 하나님이십니다.

• **하나님은 자존(自存)하시다.**

선지자는 하나님의 영원하심에 덧붙여 이렇게 말합니다.

"여호와 나의 하나님……주께서는 만세 전부터 계시지 아니하시니이까?"(합 1:12)

그는 여기서 '여호와'라는 호칭을 사용합니다. 이 호칭은 하나님이 자존하시는 분이요 영원히 스스로 계시는 분임을 말해 줍니다. 하나님은 모세를 보내시면서 "스스로 있는 자가 나를 너희에게 보내셨다 하라"(출 3:14)라고 말씀하셨습니다. 여기에서 '스스로 있는 자'라는 말은 "나는 절대적이며 자존한다"라는 의미의 말입니다.

바로 이것이 선지자가 제시하는 두 번째 필수 명제입니다. 하나님은 그 어떤 의미에서도 이 세상의 일에 의존하지 않으며, 오직 스스로 존재하십니다. 또한 하나님은 이 세상에 의존하지 않을 뿐만 아니라 자신의 뜻이 아니라면 이 세상을 결코 창조할 필요가 없는 분이십니다. 삼위일체의 위대한 진리는 하나님께서 신성(성부, 성자, 성령) 안에서 영원하며 자존하는 존재로 계신다는 것입니다. 이로써 우리는 매우 놀라운 확신을 얻게 됩니다. 즉, 하나님이 이 세상에 의존하지 않으며 자존하는 분이심을 확신하게 되는 것입니다. 하나님이 주님이요 여호와이며 스스로 있는 위대한 분이심을 확신하게 되는 것입니다. 그것을 확신하는 순간 문제는 점점 사라지기 시작합니다.

- **하나님은 거룩하시다.**

또한 선지자는 하나님의 절대적인 속성으로 하나님의 거룩하심에 대해 생각합니다.

"여호와 나의 하나님, 나의 거룩한 이시여, 주께서는 만세 전부터 계시지 아니하시니이까?"(합 1:12)

그는 하나님의 영원하심과 자존하심을 확신하고, 그분이 그 어떤 것이나 그 누구도 의존하지 않으시는 분임을 확신합니다. 뿐만 아니라 하나님이 '거룩한 분'이며, 절대적으로 완전하게 의로우며 거룩한 '소멸하는 불'(신 4:24; 히 12:29)이심을 확신합니다. 우리는 "하나님은 빛이시라. 그에게는 어둠이 조금도 없으시다"(요일 1:5)라는 말씀을 읽고서 이렇게 질문합니다. "만군의 주께서 의롭지 않은 일을 행하실 수 있는가?" 결코 그런 일은 있을 수 없습니다.

- **하나님은 전능하시다.**

이어서 선지자의 다음 명제가 나타납니다. 그는 계속해서 말합니다.

"여호와여 주께서 심판하기 위하여 그들을 두셨나이다. 반석이시여 주께서 경계하기 위하여 그들을 세우셨나이다"(합 1:12).

선지자가 확신하는 또 한 가지 사실은 바로 하나님께서 전능하시다는 것입니다. '반석이시여'라고 번역된 히브리어에는 문자적으로 '힘과 하나님의 전능하심'을 뜻하는 '반석'이라는 의미가 담겨 있습니다. 무無에서 이 세상을 창조하신 하나님은 "빛이 있으라"(창 1:3)라고 말씀하심으로써 빛이 있게 하신 절대적인 능력을 가지고 계십니다. 그분의 능력은 제한이 없습니다. 그분은 '반석'이십니다.

- **하나님은 신실하시다.**

선지자가 하나님에 대해 제시하는 또 하나의 명제가 있습니다. 이것은 그가 겪고 있는 문제와 관련하여 가장 중요한 명제입니다.

"여호와 나의 하나님, 나의 거룩한 이시여 주께서는 만세 전부터 계시지 아니하시니이까? 우리가 사망에 이르지 아니하리이다"(합 1:12).

이 말씀이 무슨 의미일까요?

"나의 하나님, 나의 거룩한 이시여……우리가 사망에 이르지 아니하리이다."

선지자는 하나님이 언약의 하나님이심을 기억하고 있습니다. 하나님은 독립적이고 절대적이며, 영원하고 전능하며, 의롭고 거룩한 분이십니다. 그런 하나님께서 사람과 언약을 맺기 위하여 낮아지셨습니다. 선지자가 언급하고 있듯이, 하나님은 아브라함과 언약을 맺으셨고, 이삭과 야곱과 언약을 맺으셨습니다. 또한 다윗과도 언약을 맺으셨습니다. 바로 이 언약을 근거로 삼아 이스라엘은 하나님을 향하여 "나의 하나님, 나의 거룩한 이시여"라고 말할 수 있는 권리를 얻었습니다.

선지자는 하나님께서 "내가 너희의 하나님이 되고 너희들은 내 백성이 될 것이라"(창 17:7,8; 출 6:7; 렘 7:23, 11:4, 24:7, 30:22 참고)라고 말씀하신 것을 기억했습니다. 경건한 사람들과 선지자들과 이스라엘 가운데 영적인 지식을 가지고 있는 모든 사람들에게 이 사실은 그 무엇보다도 의미 있는 것이었습니다. 그들이 하나님의 영원하심을 믿으면서 동시에 그런 하나님께서 저 하늘 너머에 자신들과는 상관없이 계신다고 생각했다면, 그것은 참으로 끔찍한 일이었을 것입니다. 그러나 신실하며 언약을 지키시는 하나님에 대한 믿음이 그들을 하나님과 연결시켜 주었습니다.

하나님은 말씀을 주실 뿐 아니라 그 말씀을 반드시 지키시는 분입니다. 바로 이 언약을 기억했기 때문에 선지자는 "나의 하나님, 나의 거룩한 이시여"라고 말할 수 있었습니다. 그리고 이 언약을 기억했기 때문에 그는 "우리가 사망에 이르지 아니하리이다"라고 덧붙여 말할 수 있었습니다. 갈대아 군대가 어떻게 하든지 이스라엘 백성은 결코 그들에 의해 멸망하지 않을 것입니다. 왜냐하면 하나님께서 이스라엘에게 절대 깨질 수 없는 약속을 주셨기 때문입니다.

하박국 선지자는 이러한 기본적인 원리들을 기억한 후에,

그가 믿는 절대적이고도 영원한 원리에 그의 문제를 적용하고는 이렇게 말합니다.

"주께서 심판하기 위하여 그들을 두셨나이다……주께서 경계하기 위하여 그들을 세우셨나이다"(합 1:12).

선지자는 갈대아 사람들에 관한 자신의 질문에 대해 다음과 같은 답을 얻습니다.

"내가 확신하건대, 하나님은 이스라엘의 유익을 위해 갈대아 사람들을 일으켜 세우셨다. 결코 갈대아 사람들이 통치권을 손에 넣은 것이 아니다. 또한 하나님이 갈대아 사람들을 막을 능력이 없어서 그렇게 행하신 것도 아니다. 내가 기억하는 원리에 따르면, 그런 일들은 하나님께 절대로 있을 수 없는 일들이다. 하나님께서 자신의 목적을 위해 갈대아 사람들을 사용하시는 것일 뿐이다. '주께서 심판하기 위하여 그들을 두셨나이다……주께서 경계하기 위하여 그들을 세우셨나이다.' 하나님은 자신의 뜻을 실행해 가고 계신다. 나는 그것을 다 이해할 수 없지만 우리가 멸망하지 않을 것이라고 확신한다. 하나님의 말씀에 따르면, 비록 우리 중 아주 적은 수만 남고 대부분 포로로 잡혀 갈 테지만, 이것이 이스라엘의 마지막이 되지는 않을 것이다. 하나님은 여전히 전능하시기 때문에 남은 자들이 있을 것이며, 지금은 하나님께서 언약의 뜻 안에서 어떤 일을 행하기 위해 갈대아 사람들을 사용하시는 것일 뿐이다. 하나님께서 연약하신 것이 절대 아니다. 하나님께서 패배하신 것도 아니다. 하나님이 하나님이시기 때문에 이 일들을 행하시는 것이며, 그분의 위대한 마지막과 목적을 위해 이 일들을 행하시는 것이다."

갈대아 사람을 사용하신 것과 하나님의 거룩한 속성에 대한 이해

이제 두 번째 문제를 살펴봅시다. 만일 하나님께서 전능하고 모든 일에 대해 주권을 행사하고 계신다면, 어떻게 이런 사건들이 그분의 거룩한 속성과 조화를 이룰 수 있는 것일까요? 우리가 하나님의 능력을 인정하고, 갈대아 사람들이 단순히 하나님의 손안에 있는 도구일 뿐이며 그들의 승리가 결코 그들의 신의 능력 덕분이 아님을 인정한다고 할지라도, 우리는 거룩하신 하나님께서 어떻게 이런 일들을 허용하시는지를 여전히 물을 수밖에 없습니다. 이 질문에 대한 답을 찾기 위해 하박국은 앞서 본 것과 같은 방법을 사용합니다.

• **거룩하신 하나님은 죄를 싫어할 뿐만 아니라 결코 악을 행할 수 없는 분이시다.**

"주께서는 눈이 정결하시므로 악을 차마 보지 못하시며 패역을 차마 보지 못하시거늘"(합 1:13).

지금 하박국은 이렇게 말하고 있습니다. "저는 확신합니다. 내가 가진 지식이 불확실하다고 할지라도 나는 하나님께서 악을 싫어하며 차마 보지 못하신다는 사실을 분명히 압니다. 하나님은 악을 증오하십니다."

정결하신 하나님 앞에서 이 세상의 모든 악은 완전히 혐오스러운 것입니다. 정결하신 하나님의 눈은 차마 평온한 마음으로 악을 보지 못하십니다. 하나님과 악은 영원히 극과 극입니다. 불의하거나 잔인한 것은 무엇이든지 하나님의 속성과는 매우 거리가 멉니다. 하나님 안에는 불의한 것이 전혀 존재하지 않습니다. 하나님은 그 누구도 시험하지 않을 뿐만 아니라 악에 의해 시험받지도 않으십니다.

"하나님은 빛이시라. 그에게는 어둠이 조금도 없으시다"(요일 1:5).

이 사실을 단언한 이후 하박국은 곧 난해한 문제로 눈을 돌립니다.

"어찌하여 거짓된 자들을 방관하시며 악인이 자기보다 의로운 사람을 삼키는데도 잠잠하시나이까?"(합 1:13)

어떻게 하나님께서 갈대아 사람들이 하나님의 백성을 멸망시키는 일을 허용하실 수 있다는 말입니까? 이스라엘 백성이 악한 것은 사실이지만, 갈대아 사람들은 훨씬 더 악했습니다. 이것을 오늘날의 현실에 빗대어 표현하자면, 마치 그리스도인들이 "저는 교회가 지난 수년간 퇴보한 것을 인정합니다. 그러나 공산주의자들에게는 하나님이 아예 없지 않습니까!"라고 말하는 것과 같습니다. 또한 이것을 개인에게 적용한다면, 마치 사람들이 "저는 제가 가장 훌륭한 사람이 아니라는 사실을 인정합니다. 그러나 아무개는 더 엉망이지 않습니까! 그런데도 그는 성공합니다"라고 항의하는 것과 같습니다. 이에 대해 하나님은 뭐라고 답변하십니까?

- **스스로 해결할 수 없는 문제를 하나님께 맡기라.**

하나님께서 마치 연약하여 패배하신 것처럼 보이는 일과 관련된 첫 번째 문제에 대해서는 만족할 만한 답을 얻었습니다. 그러나 두 번째 문제에 대한 답은 주어지지 않습니다. 하나님의 거룩하심에 관한 문제는 더욱 어려운 문제입니다. 선지자는 앞에서 살펴본 접근 방식에 따라 하나님에 대한 절대적인 진리를 선언하고, 자신의 문제를 이 맥락에 적용했습니다. 그러나 여전히 문제에 대해 뚜렷한 답을 찾을 수 없었습니다.

이러한 일은 자주 일어납니다. 이미 많은 경우에 성공한 방법을 다른 경우에 적용해 보지만 이전과는 달리 즉각적인 답변을 얻지 못하곤 합니다. 이럴 때는 어떻게 해야 할까요? 서둘러 결론을 내리고는 "나는 이해할 수 없다. 그러므로 하나님의 의로우심에 대해서 의심해 봐야겠다"라고 말해야 합니까? 절대로 그럴 수 없습니다! 만일 하나님께서 주신 방법으로도 문제가 해결되지 않고 여전히 이해할 수 없다면, 그 문제를 가지고 하나님께로 나아가야 합니다. 우리가 우리 자신이나 다른 사람들에게 문제에 대해 말하면서 "왜 이럴까? 이상하지 않아?"라고 묻는 것은 실수하는 것입니다. 우리는 선지자처럼 대처해야 합니다. 우리의 문제를 가지고 하나님께로 나아가 그분 앞에 내려놓아야 합니다.

- **하나님의 아들이 보이신 모범을 따르라.**

그리스도인이 한 주나 한 달, 또는 몇 년 동안 이러한 상황에 빠져 있을 수 있습니다. 이런 일들은 실제로 자주 일어납니다. 그러나 하나님 앞에 두십시오! 선지자가 그렇게 했을 뿐 아니라, 하나님의 아들인 그리스도께서도 이 세상에 계실 때 실제로 그렇게 하셨습니다. 그분에게 인류의 구원을 위해 자신이 '죄로 삼아진' 것은 매우 큰 문제였습니다(고후 5:21 참고). 물론 그리스도는 자신의 아버지가 유대인의 손에서뿐 아니라 로마인들의 손에서도 자신을 구해 내실 수 있음을 알고 있었습니다. 그분은 열두 군단의 천사에게 명령하여 도망칠 수도 있었습니다(마 26:53 참고). 그러나 그분은 죄로 삼으신 바 되고 그분의 몸이 죄의 형벌을 받아야만 했으며, 이것은 곧 그분이 아버지로부터 단절되어야 한다는 것을 의미했습니다. 이것이 바로 그분이 직면한 가장 큰 난관이었습니다. 하나님의 아들이신 예수님은 이 세상에서 인간이 경험할 수 있는 것 중에서도 가장 고통스러운 문제를 겪어야만 했습니다. 그분의 유일한 두려움은 바로 아버지와 분리되고 단절되는 것이었습니다. 그때 그분은 어떻게 하셨습니까? 예수님은 하박국 선지자와 동일하게 행하셨습니다. 그분은 기도하셨습니다.

"내 아버지여 만일 할 만하시거든 이 잔을 내게서 지나가게 하옵소서. 그러나 나의 원대로 마시옵고 아버지의 원대로 하옵소서"(마 26:39).

이 말씀은 실제로 이런 뜻을 담고 있습니다. "저는 지금 너무나 고통스럽습니다. 그러나 만일 이것이 아버지의 뜻이라면, 저는 아버지의 뜻을 따르겠습니다." 그분은 이해할 수 없는 문제를 하나님께로 가지고 나아가 내려놓았습니다. 경외하는 마음으로 말합니다. 설령 주 예수님이 성육신하여 사람이 되었기 때문에 하나님의 뜻을 완전히 이해하지 못하셨다 할지라도, 예수님은 하나님의 뜻이 언제나 옳다는 것과 거룩하신 하나님이 결코 잘못된 일을 명령하지 않으신다는 것을 확신하고 계속해서 순종하셨습니다.

3장
하나님의 응답을 기다림

•
•

하박국 2장 1-3절

Waiting for God's answer

"¹내가 내 파수하는 곳에 서며 성루에 서리라 그가 내게 무엇이라 말씀하실는지 기다리고 바라보며 나의 질문에 대하여 어떻게 대답하실는지 보리라 하였더니 ²여호와께서 내게 대답하여 이르시되 너는 이 묵시를 기록하여 판에 명백히 새기되 달려가면서도 읽을 수 있게 하라 ³이 묵시는 정한 때가 있나니 그 종말이 속히 이르겠고 결코 거짓되지 아니하리라 비록 더딜지라도 기다리라 지체되지 않고 반드시 응하리라"(합 2:1-3).

믿음의 태도

앞서 살펴본 하박국 1장에서 하박국 선지자는 하나님께 자신의 혼란스러움에 대해 토로한 후, 이어지는 2장에서 다음과 같이 말합니다.

"내가 내 파수하는 곳에 서며 성루에 서리라. 그가 내게 무엇이라 말씀하실는지 기다리고 바라보며 나의 질문에 대하여 어떻게 대답하실는지 보리라"(합 2:1).

이 구절의 마지막 부분은 여러 가지 의미로 해석될 수 있습니다. "이 메시지를 좋아하지 않는 사람들이 나를 비난할 때 하나님께서 어떻게 대답하시는지 보리라" 또는 "내가 이미 내뱉은 말로 인해 하나님께서 나를 책망하시는지 보리라" 또는 "하나님께서 나의 불만에 대해 어떻게 대답하시는지 보리라" 등으로 해석할 수 있습니다. 그러나 이 구절에서 가장 중요한 것은, 하박국이 이제 자신이 해야 할 단 한 가지 일이 바로 하나님을 기다리는 것임을 깨달았다는 것입니다. 우리가 느끼는 혼란에 대해서 하나님께 질문하고 기도하고 우리의 짐을 맡기는 것만으로는 충분하지 않습니다. 더 나아가 우리는 하나님을 기다려야 합니다.

문제를 하나님께 맡기라

이 말은 실제로 무엇을 의미할까요? 첫째, 우리 자신이 문제로부터 분리되어야 합니다. 선지자는 군대의 파수꾼이 적의 침략을 대비하여 주위를 살피기 위해 아주 높은 성루에서 멀리 내다보는 모습으로 자신을 설명합니다. 파수꾼은 평지나 군중보다 훨씬 더 높은 곳, 곧 아래쪽에서 일어나는 모든 일들을 가장 잘 볼 수 있는 곳에 있습니다.

"그가 내게 무엇이라 말씀하실는지 기다리고 바라보며."

이 구절에는 그리스도인이 삶에서 일어나는 생각의 변화나 영적 갈등에 맞서는 방법과 관련하여 매우 중요한 원칙이 제시되어 있습니다. 즉, 우리의 문제를 가지고 하나님께로 나아갔다면 더 이상 그 문제에 얽매이지 말아야 한다는 것입니다. 우리는 그 문제로부터 뒤돌아서 시선을 하나님께 고정해야 합니다.

그러나 우리는 바로 이 부분에서 길을 잃지 않습니까? 이해할 수 없는 상황들이 우리 앞에 펼쳐집니다. 하박국 선지자처럼 상황에 대한 모든 가정들을 내려놓고 여러 가지 기본적인 원리들을 우리의 문제에 적용해 보지만, 만족스러운 답을 찾지도 못하고 어떻게 해야 할지도 알지 못합니다. 그것이 우리의 인생이 걸린 문제일 수도 있고, 결정하기 매우 어려운 상황일 수도 있습니다. 성령 하나님의 인도하심을 구하는데도 답을 찾는 일에 실패하고, 하나님께 기도하는 것 외에는 우리가 할 수 있는 일이 없습니다. 그런데 이런 일들이 너무 자주 일어납니다. 우리는 무릎을 꿇고 하나님께 우리의 염려들을 아룁니다. 그리고 우리의 어려움을 스스로 해결할 수도 없고 이해할 수도 없다고 고백합니다. 이 문제를 하나님께 맡기며, 하나님께서 해결해 주시고 길을 알려 주시기를 기도합니다. 그러나 기도를 마치고 자리에서 일어서는 순간, 참 희한하게도 우리는 또다시 그 문제에 대해서 염려하기 시작합니다.

만일 여러분이 그렇게 하고 있다면 차라리 기도하지 않는 편이 낫습니다. 문제를 가지고 하나님께로 나아갔다면 그 문제를 하나님께 맡기십시오. 여러분에게는 이제 그 문제에 대해 고민할 자격이 없습니다. 하박국은 이러한 모든 혼란 속에서 이렇게 말합니다. "나는 이 절망의 늪에서 **빠져나갈 것이다**. 나는 높은 성루까지 올라갈 것이다. 나는 하나님, 오직 하나님 한 분만을 바라볼 것이다."

이것이 바로 그리스도인의 삶에서 가장 중요한 비밀 가운데 하나입니다! 만일 당신이 하나님께 문제를 맡기고서도 계속 그 문제에 대해 염려한다면, 당신의 기도는 진실한 기도가 아닙니다. 만일 당신이 하나님 앞에 무릎을 꿇고 어려움에 봉착한 것을 고백하며 이 문제를 스스로 풀 수 없다고 인정하고 하나님께 맡겼다면, 그것을 그대로 하나님께 두십시오. 그에 대해 생각하거나 말하기를 단호하게 거부하십시오. 기도한 후에 가장 먼저 보이는 그리스도인에게로 달려가 "아주 심각한 문제가 있어. 도대체 어떻게 해야 할지 모르겠어"라고 말하지 마십시오. 그 문제로 논의하지 마십시오. 그 문제를 하나님께 두고 성루에 서십시오.

물론 이 일은 우리에게 결코 쉬운 일이 아닙니다. 어쩌면 그렇게 하기 위해서는 폭력이라고 할 만큼 강압적인 방법으로나 자신을 억제해야 할 수도 있습니다. 그럴지라도 반드시 그렇게 해야 합니다. 우리는 자신이 어려움에 빠져 있거나 문제 안에 갇히도록 허용해서는 절대 안 됩니다. 그 문제에서 벗어나야 합니다.

"내가 내 파수하는 곳에 서며 성루에 서리라."

우리는 그 모든 상황에서 벗어나기 위해 의도적으로 자신을 그 문제로부터 해방시키고 끌어내야 합니다. 우리는 그 문제에서 벗어나 오직 하나님만을 바라보아야 합니다.

믿음의 삶에서 중요한 이런 원칙은 성경과 그리스도인의 자서전에 끊임없이 나타납니다. 하나님을 바라본다는 것은 스스로 문제에 대처하는 것도 아니고, 다른 사람에게 상담하는 것도 아니며, 오로지 하나님만을 철저히 의지하며 그분만을 '기다리는' 것입니다.

하박국은 문제를 보았을 때 아무런 소망도 가질 수 없었습니다. 그는 하나님께서 그분의 목적을 위해 자기 민족보다도 훨씬 못한 끔찍한 갈대아 사람들을 일으켜 사용하시리라는 사실을 맞닥뜨리자 도저히 이러한 현실을 이해할 수도 없었고, 이 사실이 하나님의 거룩한 속성과 어떻게 조화를 이룰 수 있는지를 이해할 수도 없었습니다. 그러나 그는 이 문제를 하나님께 가져갈 수 있었고, 실제로 그렇게 했습니다. 그리고 자신의 문제를 가지고 하나님께로 나아간 하박국은 더 이상 문제를 바라보지 않고 하나님을 바라보았습니다. 이것이 바로 참된 영적 평안의 기초입니다. 이것이 바로 빌립보서에 나타난 사도 바울의 고백입니다.

"아무것도 염려하지 말고"(빌 4:6).

문제의 원인이 무엇이든 상관없습니다. 절대 염려하지 마십시오. 스스로 짐을 지거나 지치지 마십시오. 당신이 혼란스러워할 이유가 전혀 없습니다. 당신의 영을 무능력하게 만들고 육체를 쇠약해지게 만드는 걱정과 염려를 버리십시오. 염려하지 말고 오직 모든 일에 (모든 것을 다 포함하는) 기도와 간구로, 당신의 구할 것을 감사함으로 하나님께 아뢰십시오. 그러면 모든 지각에 뛰어난 하나님의 평강이 그리스도 예수 안에서 당신의 마음과 생각을 지키실 것입니다(빌 4:6,7 참고). 성루에 서서 계속 하나님만을 바라보십시오. 다른 어떤 것, 특히 당신의 문제를 바라보지 마십시오.

하나님의 응답을 기다리라

한 걸음 더 나아가 우리는 응답을 기다려야 합니다. 하박국은 "기다리고 바라보며"라고 말합니다. 군대에서 파수꾼의 역할은 적의 움직임이 조금이라도 있는지를 살피며 자기 앞에 펼쳐진 지역을 끝까지 지켜보는 것입니다. 하박국 선지자는 답을 찾고 있습니다. 우리가 자주 실패하는 이유는 하나님께 기도하고는 금방 그 기도를 잊어버리기 때문입니다. 만일 우리가 하나님께 기도하였다면, 그 기도에 대한 하나님의 응답을 기다려야 합니다. 그러나 과연 우리는 기도한 후에 계속 하나님을 바라보면서 응답을 간절히 기다립니까? 자신의 성루에 서 있는 이 사람처럼, 우리는 언제든 그 응답이 오리라 기다리고 있습니까?

물론 하나님은 다양한 방법으로 우리의 기도에 응답하십니다. 예를 들어, 주님의 말씀을 읽다가 하나님의 응답을 받을 수도 있습니다. 그것은 하나님께서 가장 일반적으로 역사하시는 방식입니다. 성경을 읽다가 갑자기 여러분의 문제에 신비롭고도 놀라운 빛이 비칠 수도 있습니다. 만일 당신이 자신에게 "하나님은 그분의 말씀을 사용하여 우리에게 말씀하신다. 과연 하나님께서 나에게 어떤 말씀을 주실까?"라고 질문한다면, 당신이 답을 찾을 가능성이 더욱 커질 것입니다. 그러므로 기다리고 바라보십시오.

또한 하나님은 가끔 우리의 내면에 직접적으로 응답하시기도 합니다. 선지자는 하나님이 자신에게 뭐라고 말씀하실는지를 기다리고 바라본다고 말합니다(합 2:1 참고). 하나님은 우리 안에 말씀해 주십니다. 우리가 답을 확신할 수 있도록 우리의 마음에 무언가를 부어 주십니다. 하나님은 우리의 영혼에 무언가를 실수 없이 새기실 수 있습니다. 그래서 우리의 마음과 영혼에 어떤 생각이 새겨지면 그 생각을 떨쳐 버릴 수 없게 됩니다. 아무리 떨쳐 버리려고 해도 그 생각이 다시금 떠오릅니다. 때때로 하나님은 이러한 방식으로 우리에게 답을 주십니다.

또한 하나님은 그분의 섭리 가운데 우리의 상황을 인도하심으로써, 그리고 우리 삶에서 매일 일어나는 모든 사건들을 통하여 하나님께서 말씀하시는 바를 명백히 보여 주심으로써 우리의 기도에 응답하시기도 합니다. 하나님은 문도 열어 주지 않은 채로 어떤 일을 하라고 우리를 부르시지 않습니다. 물론 오래 걸릴 수도 있지만, 하나님께서 우리가 어떤 특별한 일을 하기를 원하실 때, 그분은 다른 문들을 닫고 오직 하나의 문만을 열어 주십니다. 그래서 우리의 모든 인생이 그 목표를 향하도록 이끄십니다. 그리스도인은 이런 일을 매우 흔하게 경험합니다. 하나님께서 종종 방해물들을 허용하기도 하시지만, 우리가 나아가야 할 길과 하나님의 뜻은 분명합니다.

중요한 것은 우리가 바로 이러한 하나님의 응답을 찾고 기다려야 하며, 응답이 주어질 때 그것을 알아차릴 수 있도록 준비하고 있어야 한다는 점입니다. 자신의 문제를 주님께 맡겼다면 주님의 응답을 기다려야 합니다. 또한 우리는 하나님의 인도하심이라고 생각되는 표지sign를 또 다른 표지들과 비교해 보아야 합니다. 왜냐하면 하나님께서 항상 신실한 방법으로 나를 인도하신다면 그 표지들이 하나로 연결될 것이기 때문입니다.

하나님의 응답을 지켜보면서 기다리라

우리에게 제시된 세 번째 원리는, 마치 성루에 선 파수꾼처럼 꾸준히, 그리고 열심히 지켜보아야 한다는 것입니다. 우리는 하나님께서 언제나 자신의 말씀을 지키시며 그 약속을 반드시 이루신다는 것을 믿어야 합니다. 그러므로 나 자신과 나의 문제를 하나님께 맡겼다면, 하나님께서 분명히 답하시리라는 확신을 가지고 그 답을 꾸준히 찾아야 합니다. 그렇게 하지 않는 것은 오히려 하나님을 모욕하는 것입니다.

만일 내가 하나님께서 참으로 나의 아버지가 되시며 나의 머리털까지 세신 바 되고 나의 행복과 안녕에 대해 나보다도 더 관심이 많다는 것을 믿는다면, 또한 하나님께서 자신의 위대하고도 거룩한 이름의 영광을 나타내기를 나보다도 더 간절히 원하신다는 사실을 믿는다면, 하나님께 기도한 후에 그분의 응답을 찾지 않는 것은 분명히 하나님을 모욕하는 일입니다. 그것은 믿음이 없는 매우 심각한 태도입니다. 우리가 기도한 후에 취하는 행동과 태도만큼 우리의 믿음의 성격을 잘 보여 주는 것도 없습니다. 믿음의 사람들은 기도한 것에 그치지 않고 하나님의 응답을 기다렸습니다.

때로 우리는 공황 중에 하나님께 기도합니다. 그러고 나서 그 공황이 끝나면 그 모든 일을 잊어버립니다. 우리가 답을 기다리느냐 기다리지 않느냐 하는 것은 우리의 믿음을 평가하는 시금석입니다. 하박국 선지자는 성루에 서서 파수꾼처럼 지켜보았습니다. 그는 하나님의 계획을 이해할 수 없을 때에도 문제를 가지고 하나님께로 나아갔으며, 하나님의 답을 찾았습니다.

믿음에 대한 보상

하박국 2장 2,3절은 하박국 선지자가 받은 응답에 대해 말합니다.

"너는 이 묵시를 기록하여 판에 명백히 새기되 달려가면서도 읽을 수 있게 하라. 이 묵시는 정한 때가 있나니 그 종말이 속히 이르겠고 결코 거짓되지 아니하리라. 비록 더딜지라도 기다리라. 지체되지 않고 반드시 응하리라."

이것은 매우 귀중한 교훈입니다. 이것은 만일 우리가 하박국의 방식대로 행한다면 하나님께서 반드시 자신의 약속들을 지키실 것이라는 영적 세계의 절대적인 법칙을 제시합니다. 사실 하나님은 이렇게 말씀하고 계십니다. "괜찮다, 하박국

아. 나는 너의 기도를 들었고 네가 혼란을 겪고 있는 것을 이해한다. 너의 기도에 대한 나의 답이 여기 있다. 이스라엘을 벌하기 위해 내가 일으켜 세울 갈대아 사람들은 그 대가로 크게 패하고 망할 것이다."

갈대아 사람들의 강대함은 매우 짧은 기간 동안만 지속될 것입니다. 하나님께서 자신의 특별한 계획을 위하여 잠시 그들을 일으켜 세우신 것입니다. 그러나 그들은 그 영광을 자기들에게로 돌렸고, 자신들의 능력을 매우 자만했습니다. 그때 하나님께서 미디안과 바사(페르시아)를 일으켜 갈대아 사람들을 쳐 완전히 멸망시키셨습니다. 하나님은 선지자에게 이 예언을 아주 명확히 기록하게 하셨습니다. 그래서 그것을 읽는 모든 사람이 그 내용을 단번에 이해하여 다른 사람들에게 경고하고 그로 말미암아 순종하도록 하셨습니다.

예언의 참된 본질

이제 예언이라는 주제를 일반적으로 다루어 보고자 합니다. 역사의 본질과 역사를 바라보는 성경의 철학에 관한 문제를 다루는 데 무엇보다 중요한 것은 예언의 본질을 바르게 이해하는 것입니다. 예언은 성경에서 많은 부분을 차지합니다. 그러므로 예언의 본질을 이해하는 것만큼 신자에게 큰 평안과 위로를 주는 일도 없을 것입니다.

예언은 하나님께서 사람에게 주신 계시에 대한 성경의 가르침 중에서 가장 기초적인 것입니다. 그래서 최근 수백 년 동안 참된 기독교 신앙은 대개 이 주제에 관하여 집중적으로 공격을 받아 왔습니다. 불신자는 언제나 예언에 대해서 비판적입니다. 한편 예언과 마찬가지로 성경에 나타난 기적에 대한 가르침도 참된 복음적 신앙을 온전히 이해하는 데 핵심적인 요소입니다. 결과적으로 예언과 기적은 역사와 성경에 나타나는 초자연적인 요소를 가장 뚜렷하게 드러내기 때문에 합리주의는 이 두 가지를 거부하기 위해 매우 힘썼습니다.

예언은 하나님께서 사람에게 주신 '계시'이다

가장 먼저 하박국서는 예언이 하나님께서 사람에게 주신 계시라고 선포합니다.

"너는 이 묵시를 기록하여 판에 명백히 새기되"(합 2:2).

하나님은 하박국 선지자에게 앞으로 일어날 일을 계시하셨습니다. 합리주의자들(이들 중에는 스스로를 그리스도인으로 일

컫는 자들도 있고, 교회에서 중요한 직분을 맡은 자들도 있습니다) 은 이런 사상을 전적으로 싫어합니다. 그들은 예언에 대해 설명하기를, 단순히 구약의 선지자들이 비범한 정치적 능력과 상황을 꿰뚫어 보는 특별한 통찰력을 가지고 있었다고 합니다. 그들은 하나님께서 사람들에게 어떤 형식으로든 무언가를 계시하신다는 것 자체에 대해 이의를 제기합니다. 그들은 선지자들을 통찰력이 깊은 정치적 사상가나 위대한 철학자, 또는 사건을 보는 식견이 거의 본능적일 정도로 직관적인 사람들로 여깁니다. 합리주의자들은 선지자들이 뛰어난 사람들이었다는 사실은 인정하지만, 마치 시인들이 특별한 통찰력을 지닌 것처럼 선지자들도 단순히 그런 통찰력을 지니고 있었을 뿐이라고 생각합니다. 그들에 따르면, 선지자들은 실제로 벌어지고 있는 일에 숨겨진 뜻을 파악하고 그것을 글로 적었을 뿐입니다.

그러나 성경은 그렇게 가르치지 않습니다. 성경은 예언의 참된 본질이 하나님께서 한 사람을 택하여 그에게 메시지를 주신 것이라고 명백히 밝힙니다. 예를 들어, 하나님은 하박국에게 "너는 너의 문제를 가지고 나에게로 나아왔고, 나는 너에게 답을 주겠노라"라고 말씀하셨습니다(2절 참고). 그 답이 바로 신적 계시입니다.

베드로후서 1장 20절은 "성경의 모든 예언은 사사로이 풀 것이 아니니"라고 분명히 말합니다. 즉, 성경의 예언은 사람이 스스로 생각하거나 예측하여 말하거나 만들어 내는 것이 아닙니다. 예언은 사람의 생각에서 나오는 것이 아닙니다. 예언은 거룩한 사람들이 하나님의 감동과 성령의 이끄심으로 말미암아 전하는 말입니다. 이 말씀에서 베드로는 구약의 하박국이나 오늘날 우리와 같이 현재 일어나고 있는 일 때문에 혼란스러워하는 그리스도인들을 위로하는 일에 관심을 두고 있습니다. 베드로는 그들이 예언의 말씀에 특히 더 관심을 기울이기를 격려합니다.

"우리에게는 더 확실한 예언이 있어"(벧후 1:19).

예언이 무엇을 의미하는지를 이해해야만 합니다. 예언은 구약의 선지자들이 생각해 낸 것이 아니라 성령께서 다른 사람들에게 전하라고 주신 말씀입니다. 예언은 어떤 사건에 대한 개인의 해석이 아니라 하나님께서 사람에게 주신 진리입니다.

예언은 앞으로 일어날 일에 대해 말한다

예언의 두 번째 요소는 앞으로 일어날 일을 말해 주는 것입니다. 예언을 비난하는 자들은 이 사실도 부정합니다. 그들은 예언을 실제로 일어날 일을 말하는 것이 아니라 '무언가에 대하여 말하는 것'이요 가르침의 한 방식으로 봅니다. 물론 예언은 가르침의 한 방식이며 '무언가에 대하여 말하는 것'입니다. 그러나 이 가르침이 매우 중요한 까닭은 바로 그것이 앞으로 일어날 일에 대하여 예측하고 말해 주기 때문입니다.

하나님은 두 가지 사건이 일어나기 훨씬 전에 그 일들에 대해 하박국에게 알려 주셨습니다. 곧 갈대아 사람들을 일으켜 세우시겠다는 것과 그들이 이스라엘을 정복한 후 국제적으로 지배력을 떨치고 있을 때 갑자기 멸망하리라는 것입니다. 우리는 하나님께서 그때그때 이스라엘을 경고하고 책망하기 위하여 세우신 선지자들에게 이렇게 중요한 사건들을 미리 계시하셨음을 인정할 수밖에 없습니다.

예언은 반드시 성취된다

신자에게 최고의 위로를 주는 예언의 또 다른 요소는 예언이 반드시 성취된다는 것입니다.

"너는 이 묵시를 기록하여 판에 명백히 새기되……이 묵시는 정한 때가 있나니"(합 2:2,3).

하나님께서 미리 알려 주신 사건은 때가 되면, 곧 하나님의 때에 반드시 이루어집니다.

"비록 더딜지라도 기다리라"(합 2:3).

비록 더디고 늦더라도 그 어떤 것도 그 일이 이루어지는 것을 막거나 방해할 수 없습니다. 하나님께서 "반드시 응하리라"(합 2:3)라고 말씀하셨습니다. 사람들은 예언을 알아야 합니다. 하나님은 약속한 것을 반드시 이루십니다. 성경에 기록된 모든 예언은 마침내 완전하게 이루어지고 맙니다.

예언은 정확하게 성취된다

예언의 마지막 요소이자 아마도 가장 경이로운 요소는 바로 예언이 정확히 성취된다는 것입니다.

"너는 이 묵시를 기록하여 판에 명백히 새기되……이 묵시는 정한 때가 있나니 그 종말이 속히 이르겠고 결코 거짓되지 아니하리라"(합 2:2,3).

예언이 성취되는 때는 정해져 있습니다. 하나님께서 그 정확한 때를 결정하십니다. 결코 늦거나 때를 놓치지 않습니다. 이 사실은 예언과 관련하여 매우 중요한 원리입니다. 하나님은 장차 일어날 일을 알려 주시고, 자신의 종에게 그 일을 드러내 보여 주십니다. 그리고 그 일이 분명히 이루어지되 정해진 때에 정확히 성취될 것이요 단 일 초도 늦지 않을 것이라고 말씀하십니다.

만일 우리가 살고 있는 이 어려운 시기에 평안과 기쁨을 누리고자 한다면, 신적인 예언에 담긴 위대한 원리들을 붙잡아야 합니다. 구약성경에는 이런 예가 가득합니다. 하나님께서 노아의 홍수를 어떻게 미리 알려 주셨는지 주목해 봅시다. 하나님이 노아에게 예언하신 지 120년의 시간이 흐를 때까지 아무 일도 일어날 것 같지 않았습니다. 사람들은 홍수를 대비하는 노아를 비웃었습니다. 그러나 정해진 때에 홍수는 오고 말았습니다(창 6,7장 참고). 소돔과 고모라의 경우도 마찬가지입니다(창 19:1-29 참고). 하나님께서 미리 때를 정하셨고, 그때가 되자 예언한 일을 행하셨습니다.

특히 아브라함의 삶에서 가장 놀라운 예를 발견할 수 있습니다. 창세기 15장 13,14절을 보십시오.

"여호와께서 아브람에게 이르시되 너는 반드시 알라. 네 자손이 이방에서 객이 되어 그들을 섬기겠고 그들은 사백 년 동안 네 자손을 괴롭히리니 그들이 섬기는 나라를 내가 징벌할지며 그 후에 네 자손이 큰 재물을 이끌고 나오리라."

그리고 출애굽기 12장 40,41절에서 이렇게 말씀하십니다.

"이스라엘 자손이 애굽에 거주한 지 사백삼십 년이라. 사백삼십 년이 끝나는 그날에 여호와의 군대가 다 애굽 땅에서 나왔은즉."

'그날'이라는 것이 얼마나 정확합니까! 하박국의 경우에도 마찬가지입니다. 단 일 초도 지체되지 않을 것입니다. 하나님은 '그때'를 정해 놓으셨습니다.

예레미야에게는 자신의 백성이 바벨론에서 정확히 70년 동안 포로로 있다가 마침내 다시 돌아오게 되리라는 계시가 주어졌습니다(렘 25:1-11, 30:3 참고). 그리고 이 모든 일이 정해진 때에 이루어졌습니다(스 1장 참고). 마찬가지로 다니엘도 하나님의 아들, 즉 메시아가 오시는 때를 정확히 예언하는 능력을 하나님께 받았습니다(단 9장 참고).

여러분, 하나님을 기다리십시오. 하나님께서는 분명히 응답하실 것입니다. 하나님께서 정하신 그 모든 일이 분명히, 그리고 확실히 이루어질 뿐만 아니라 정해진 때에 정확하게 이루어질 것입니다.

교회와 세상에서 너무나 많이 일어나는 혼란스러운 상황 속에서 이것이 여전히 하나님께서 오늘날의 그리스도인들에게 주시는 응답입니다. 하나님은 미래의 모든 역사를 아시며 교회를 향하여 분명한 목적을 가지고 계시고, 작정하신 일을 정하신 때에 반드시 이루십니다. 때로 우리는 그 일이 더디게 이루어지는 것을 이해하지 못할 수도 있습니다. 그러나 성경은 "주께는 하루가 천 년 같고 천 년이 하루 같다"(벧후 3:8)라고 말합니다. 하나님께서 보여 주실 일을 기다리십시오. 그 일은 확실하고 분명하며, 결코 실패하지 않습니다.

4장
의인은 민음으로 살리라

하박국 2장 4-20절 (4, 14, 20절 중심으로)

the Just Shall Live by Faith

"⁴보라 그의 마음은 교만하며 그 속에서 정직하지 못하나 의인은 그의 믿음으로 말미암아 살리라 ⁵그는 술을 즐기며 거짓되고 교만하여 가만히 있지 아니하고 스올처럼 자기의 욕심을 넓히며 또 그는 사망 같아서 족한 줄을 모르고 자기에게로 여러 나라를 모으며 여러 백성을 모으나니 ⁶그 무리가 다 속담으로 그를 평론하며 조롱하는 시로 그를 풍자하지 않겠느냐 곧 이르기를 화 있을진저 자기 소유 아닌 것을 모으는 자여 언제까지 이르겠느냐 볼모 잡은 것으로 무겁게 짐진 자여 ⁷너를 억누를 자들이 갑자기 일어나지 않겠느냐 너를 괴롭힐 자들이 깨어나지 않겠느냐 네가 그들에게 노략을 당하지 않겠느냐 ⁸네가 여러 나라를 노략하였으므로 그 모든 민족의 남은 자가 너를 노략하리니 이는 네가 사람의 피를 흘렸음이요 또 땅과 성읍과 그

안의 모든 주민에게 강포를 행하였음이니라 [9]재앙을 피하기 위하여 높은 데 깃들이려 하며 자기 집을 위하여 부당한 이익을 취하는 자에게 화 있을진저 [10]네가 많은 민족을 멸한 것이 네 집에 욕을 부르며 네 영혼에게 죄를 범하게 하는 것이 되었도다 [11]담에서 돌이 부르짖고 집에서 들보가 응답하리라 [12]피로 성읍을 건설하며 불의로 성을 건축하는 자에게 화 있을진저 [13]민족들이 불탈 것으로 수고하는 것과 나라들이 헛된 일로 피곤하게 되는 것이 만군의 여호와께로 말미암음이 아니냐 [14]이는 물이 바다를 덮음 같이 여호와의 영광을 인정하는 것이 세상에 가득함이니라 [15]이웃에게 술을 마시게 하되 자기의 분노를 더하여 그에게 취하게 하고 그 하체를 드러내려 하는 자에게 화 있을진저 [16]네게 영광이 아니요 수치가 가득한즉 너도 마시고 너의 할례 받지 아니한 것을 드러내라 여호와의 오른손의 잔이 네게로 돌아올 것이라 더러운 욕이 네 영광을 가리리라 [17]이는 네가 레바논에 강포를 행한 것과 짐승을 죽인 것 곧 사람의 피를 흘리며 땅과 성읍과 그 안의 모든 주민에게 강포를 행한 것이 네게로 돌아오리라 [18]새긴 우상은 그 새겨 만든 자에게 무엇이 유익하겠느냐 부어 만든 우상은 거짓 스승이라 만든 자가 이 말하지 못하는 우상을 의지하니 무엇이 유익하겠느냐 [19]나무에게 깨라 하며 말하지 못하는 돌에게 일어나라 하는 자에게 화 있을진저 그것이 교훈을 베풀겠느냐 보라 이는 금과 은으로 입힌 것인즉 그 속에는 생기가 도무지 없느니라 [20]오직 여호와는 그 성전에 계시니 온 땅은 그 앞에서 잠잠할지니라 하시니라"
(합 2:4-20).

하박국 2장 4절에서 마지막 절까지의 핵심 메시지는 이스라엘을 징벌하기 위해 도구로 사용될 갈대아 사람들도 결국 망하게 되리라는 것입니다. 하나님께서 임시로 갈대아 사람들을 사용하시지만, 그들의 마지막은 확실합니다. 하나님은 교만한 갈대아 사람들을 낮추고 그들에게 엄청난 징벌을 내리실 것입니다. 본문에 나타난 상세한 묘사들은 갈대아 사람들의 교만과 더러움을 정확하게 잘 표현합니다. 그들에 대한 성경의 묘사를 세속의 역사에서도 확인할 수 있습니다. 이 가르침을 이해하기 위해 본문에 분명하게 나타나는 몇 가지 원리를 중점적으로 살펴봅시다.

역사적 사건들을 관통하는 하나님의 법칙

가장 중요한 것은 이 모든 일들이 우리와 무슨 상관이 있는지 그 의미를 깨닫는 것입니다. 여기서 요점은 하나님께서 인류를 다루시는 데 작용하는 보편적 원칙을 이해하는 것입니다. 오늘날과 같은 세상에서는 이 원칙을 올바로 이해하는 일이 특히 시급합니다. 만일 우리가 우리를 둘러싼 세상이나 우리 자신에게 일어나는 일에도 흔들리지 않고 평안하기를 바란다면, 오직 세상과 하나님의 교회에 일어나고 있는 일들을 설명해 줄 수 있는 성경의 역사 철학을 이해해야만 합니다. 가장 근본적인 원칙은 역사가 오직 하나님의 나라, 즉 교회를 포함한 이 세상 전체를 다스리는 하나님의 법칙의 조명 아래서만 이해될 수 있다는 것입니다. 하나님은 하나님의 나라에 대한 하나님의 목적을 이루기 위해 모든 역사를 지배하십니다. 이제 우리는 이 원리를 더 자세히 살펴보아야 할 것입니다.

현재의 혼란과 되풀이되는 역사

전혀 새로운 문제는 없습니다. 우리는 어리석게도 20세기에 우리가 경험하는 문제들이 특별하고 독특하다고 생각합니다. 그러나 결코 그렇지 않습니다. 우리가 겪는 일들은 이미 이전에도 하나님의 백성이 수없이 겪은 일들입니다. 우리 현대인들은 역사가 반복된다는 사실을 기억하고서 자신이 가지고 있는 어리석고도 과장된 생각들을 버려야 합니다. 우리가 만나는 혼란은 어떤 의미에서 보든지 전혀 새로운 것이 아닙니다. 오늘날 많은 사람들은 역사에 나타나는 절망스러운 상황을 이해할 수 없어서 그리스도인이 될 수 없다고 말합니다. 그러나 이러한 문제는 인류의 역사만큼이나 오래되었으며, 처음부터 사람들을 괴롭혀 왔습니다.

현대의 지식이나 사건들은 역사의 문제를 해결하는 데 거의 도움이 되지 않습니다. 그러므로 먼저 우리는 지성의 교만을 제거해야 합니다. 시편 73편(11-13절 참고)의 기자나 하박국, 대부분의 이스라엘 백성이 동일하게 이런 문제를 가지고 있었습니다. 특히 히브리서는 이 문제를 명백히 밝히고 있습니다. 사실상 유대인 그리스도인들은 "우리가 주님 앞에 있습니다"라고 말합니다. "우리는 하나님의 복음을 믿고, 그리스도와 그분의 구원, 그리고 그분이 자신의 나라를 세우고 땅을 다스리기 위해 오실 것이라는 말씀을 듣고 유대교를 떠나 기독교회에 들어왔습니다. 그러나 그분은 오시지 않습니다. 우리는 박해를 받으며 재산을 다 빼앗기고, 매우 힘든 시기를 보내고 있습니다. 도대체 답은 무엇입니까?"

베드로의 편지를 받은 그리스도인들도 다음과 같이 질문하고 싶은 유혹을 받았습니다.

"주께서 강림하신다는 약속이 어디 있느냐?"(벧후 3:4)

왜냐하면 그들을 비웃으며 조롱하는 자들이 있었기 때문입니다. "네가 복음을 믿고 주 예수 그리스도를 신뢰하는구나. 너는 그가 이 세상을 다스리기 위해 다시 오리라는 말을 들었을 것이다. 그런데 주께서 강림하신다는 약속이 어디에 있는가? 만물은 처음 창조될 때와 같이 그대로 있지 않은가!"(벧후 3:3,4 참고)

그러나 베드로는 오래전부터 이런 문제가 있었음을 교회의 지도자들에게 상기시킵니다. 그는 말합니다. "괜찮습니다. 그들의 말을 듣지 마십시오. 노아의 홍수 때도 사람들은 그렇게 말했습니다. 또 소돔과 고모라가 멸망하기 전에도 사람들은 그렇게 말했습니다. 그들은 항상 그렇게 말합니다"(벧후 3:5-7 참고). 그리고 이어서 이렇게 답합니다. "주께는 하루가 천 년 같고 천 년이 하루 같습니다. 주의 약속은 어떤 이들이 더디다고 생각하는 것같이 더딘 것이 아닙니다"(벧후 3:8,9 참고). 그리고 이것이 바로 하박국의 답입니다.

"이 묵시는 정한 때가 있나니 그 종말이 속히 이르겠고 결코 거짓되지 아니하리라. 비록 더딜지라도 기다리라. 지체되지 않고 반드시 응하리라"(합 2:3).

요한계시록에서 가장 중요한 주제 중 한 가지가 역사의 문제에 관한 것입니다. 요한계시록의 내용을 어떻게 해석하든지 요한계시록은 분명히 역사, 즉 영광스러운 하나님의 나라가 궁극적으로 완성되기까지 긴 역사의 과정 속에서 일어날 징조들을 다루고 있습니다. 그러나 많은 해석자들이 그 안에 담긴 상징에 지나치게 집착한 탓에 더 중요한 주제를 놓치고 맙니다. 자세한 해석에만 주의를 기울이다가 요한계시록 전체의 핵심 주제를 깨닫지 못하는 것입니다. 나무를 보느라 숲을 보지 못합니다.

요한계시록의 내용은 근본적으로 역사에 대한 거대한 예고입니다. 이 역사는 '인seal'을 떼심으로 말미암아 모든 역사를 주관하시는 주 예수 그리스도에 의해 시작됩니다(계 5장 참고). 그러므로 이것은 1세기 그리스도인들에게 위로가 되는 메시지일 뿐만 아니라 모든 때와 모든 장소의 모든 그리스도인들을 위한 위로의 메시지입니다.

삶의 두 가지 길 – 이성의 길과 믿음의 길

다시 우리가 살펴보고 있는 하박국 본문으로 돌아오면, 2장 4절에서 "의인은 그의 믿음으로 말미암아 살리라"라고 말합니다. 우리가 잘 알고 있듯이, 이 말씀은 신약성경에서 여러 번 인용됩니다. 그러나 앞 구절의 정확한 번역에 대해서는 학자들 사이에 의견 차이가 있습니다. 이 부분은 하박국에서처럼 "그의 마음은 교만하며 그 속에서 정직하지 못하나"(합 2:4)라고 번역될 수도 있고, 히브리서 10장 38절에 인용된 것처럼 "뒤로 물러가면 내 마음이 그를 기뻐하지 아니하리라"라고 번역될 수도 있습니다.

그러나 정확한 번역이 무엇이든지 이 말씀이 전하는 진실은 우리가 이 세상에서 사는 동안 믿음의 태도와 불신앙의 태도, 둘 중 하나를 취할 수밖에 없다는 것입니다. 우리는 하나님을 믿는 믿음을 통하여 우리의 삶을 바라보고 그 믿음의 원리에 따라 살기로 결심할 수 있습니다. 또한 반대로 하나님을 거부하는 불신앙의 태도로 미래를 바라보고 불신앙의 원리에 따라 살 수도 있습니다. 우리는 하나님을 믿는 믿음의 길에서 뒤로 물러갈 수도 있고, 반대로 그 믿음 안에서 살 수도 있습니다.

바로 이러한 생각에 따라 각자에게 삶의 길이 제시됩니다. 무엇을 믿는지가 그 사람이 어떤 사람인지를 결정합니다. 무엇을 믿느냐에 따라 그 사람의 행동이 결정됩니다. 의인은 믿음으로 말미암아 삽니다. 다른 말로 하면, 믿음으로 말미암아 사는 사람이 의로운 사람입니다. 반면 '뒤로 물러가는' 사람은 의로운 사람이 아닙니다. 왜냐하면 그가 믿음으로 말미암아 살지 않기 때문입니다.

바로 여기에 인생의 결정적인 갈림길이 있습니다. 우리는 모두 이 갈림길의 어느 한쪽에 서 있습니다. 나의 정치적 견해나 철학적 견해가 어떠하든지 내가 믿음을 따라 살고 있다면, 그 모든 것들이 믿음에 따라 세워집니다. 반대로 내가 믿음을 따라 살지 않는다면, 그 모든 것들도 믿음에 따라 세워질 수 없습니다. 만일 내가 믿음을 따라 살지 않는다면, 내 견해가 어떠한지, 또는 정치, 사회, 경제 등과 관련하여 어떤 기준들이 나에게 영향을 주고 있는지는 중요하지 않습니다. 정말 중요한 것은 하나님의 통치를 받아들이느냐 받아들이지 않느냐 하는 것입니다. 히브리서에서 잘 알려진 10-12장은 이 진리에 대해 자세히 설명합니다.

우리가 오늘날 세상의 동정을 살피고 미래에 전개될 역사에 대해 생각하는 데는 두 가지 방법이 있습니다. 하나는, 눈앞에 보이는 일들을 관찰하고 충분히 생각한 후에 군사적, 정치적 전문가나 정치인, 또는 다른 사람들이 쓴 글을 읽거나 최종적으로 역사책을 참고하는 것입니다. 그리하여 자신만의 결론을 도출하고 생각을 정리할 수 있습니다. 물론 이런 이유로 우리는 신문을 봅니다! 전문가가 이 문제에 대해서 어떻게 생각하는지를 알고자 말입니다. 그러나 전문가들 중에는 1939년에 전쟁이 일어나지 않을 것이라고 전망한 사람들도 있었습니다. 그들은 모든 문제가 잘 해결될 것이라고 주장하였습니다. 그들이 심사숙고한 결과 히틀러가 전쟁을 일으킬 확률이 매우 낮다고 판단한 것입니다. 많은 사람들이 전문가들의 이런 견해를 받아들였고, 그들의 견해에 따라 자신의 삶을 계획하였습니다. 그들은 자신의 관찰과 상식과 세상의 지혜로 추론한 것들이나 정치적인 감각을 바탕으로 미래를 예측한 사람들을 따랐습니다.

반면, 성경은 세상을 바라보는 또 다른 방식을 우리에게 분명히 가르쳐 줍니다. 이 방식은 한 국가가 보유한 군대의 사단의 수가 얼마나 되는지, 또는 한 국가가 전쟁을 일으킬 때가 되었는지 하는 점들을 근거로 결론 내리지 않습니다. 성경은 단순하게 어떤 일이 일어날 것이라고 선언합니다. 그 어떤 이유도 말하지 않습니다. 성경은 그저 '하나님께서 말씀하셨으므로 그 일이 일어날 것'이라고 말합니다. 이것이 바로 갈대아 사람에 관하여 우리가 보는 바입니다. 그 어떤 설명도 없습니다. 적국의 군사력에 대한 조심스러운 평가도 없습니다. 오직 하나님께서 선지자에게 하신 말씀만이 있습니다. 선지자는 하나님의 말씀을 믿고 그 말씀에 따라 행할 뿐입니다.

피할 수 없는 선택

우리는 앞에서 언급한 두 가지 태도 중 하나를 바탕으로 살아가고 있습니다. 하나님의 말씀을 있는 그대로 받아들여 그 말씀을 따라 살 수도 있고, 따르지 않을 수도 있습니다. 만일 당신이 과학적이고 복잡한 오늘날 어떻게 선지자의 예언이나 기적이나 초자연적인 역사에 대한 믿음을 가질 수 있겠느냐고 항의한다면, 당신은 하나님께 속한 삶의 방식에서 뒤로 물러가는 것입니다. 성경적인 방식은 믿음으로 사는 것입니다.

"의인은 그의 믿음으로 말미암아 살리라"(합 2:4).

믿음이란 하나님의 말씀을 있는 그대로 받아들이고 그 말씀에 따라 행하는 것입니다. 그것이 하나님의 말씀이라는 이유로 말입니다. 믿음이란 오직 단순하게 하나님께서 말씀하셨기에 하나님의 말씀을 믿는 것입니다. 히브리서 11장에 등장하는 믿음의 조상들은 단순하게 하나님께서 하신 말씀이라는 이유로 그 말씀을 믿었습니다. 그들이 말씀을 믿는 데는 다른 이유가 없었습니다. 예를 들어, 왜 아브라함은 이삭을 데리고 산에 올라갔습니까? 왜 그는 하나밖에 없는 아들을 제사의 희생 제물로 삼으려고 했습니까? 그 이유는 단순하게도 하나님께서 그렇게 하라고 그에게 말씀하셨기 때문입니다.

그러나 믿음으로 산다는 것은 그 이상의 의미를 가지고 있습니다. 그것은 하나님을 믿는 믿음을 우리 삶의 모든 것의 기반으로 삼는 것입니다. 구약성경에 등장하는 모든 위대한 사람들은 '보이지 아니하는 자를 보는 것같이 하여'(히 11:27) 살았습니다. 그들은 모세처럼 하나님의 백성과 함께 고난받기를 잠시 죄악의 낙을 누리는 것보다 더 좋아했습니다(히 11:25 참고). 한편으로는 애굽 왕실에 세상의 지혜가 있고, 또 한편으로는 하나님께 속한 사람들을 향한 하나님의 목적과 그들을 준비시키신 하나님의 뜻을 모세에게 계시하는 하나님의 말씀이 있었습니다. 그리고 당시 이스라엘은 애굽의 노예로서 비천한 취급을 받고 있었습니다. 그때 모세는 오직 하나님의 순전한 말씀을 따랐습니다. 그는 고향을 떠난 아브라함처럼, 바로의 왕실과 보장된 미래를 버리고 떠났습니다. 그는 '보이지 아니하는 자를 보는 것같이' 애굽을 떠났습니다.

"의인은 그의 믿음으로 말미암아 살리라."

구약의 사람들은 모든 것을 하나님의 말씀에 걸었습니다. 그들은 말씀을 위해 고난받을 준비가 되어 있었으며, 필요하다면 모든 것을 잃는 것마저 감수할 수 있었습니다.

많은 초대 그리스도인들도 이와 같은 미래를 직면해야 했습니다. 그들은 매우 지독한 곤경에 빠졌습니다. 그들은 "가이사가 주님이십니다"라고 말하도록 강요받았습니다. 그러나 그들은 이렇게 말했습니다. "우리는 가이사가 주님이 아님을 알기 때문에 그렇게 말할 수 없습니다. 주님은 오직 한 분, 바로 주 예수 그리스도뿐입니다!" 이에 대해 권위자들은 "만일 당신이 가이사를 주님으로 부르지 않는다면, 당신을 투기장의 사자들에게 던질 것이다!"라고 말했습니다. 그러나 여전히 그들은 그렇게 말하기를 거부하였습니다.

그들이 그렇게 행한 이유는 무엇입니까? 그것은 바로 하나님의 말씀 때문이었습니다! 그들은 예수님이 베들레헴의 매우 가난한 집에서 태어나 목수로 일하다가 결국 십자가 위에서 죽으셨다는 것을 믿었습니다. 또한 그들은 그분이 영광의 주님이요 죽음에서 부활하셨다는 것을 믿었습니다. 바로 이 믿음의 힘으로 말미암아 그들은 결코 가이사를 주님으로 선언하지 않았습니다. 그들은 믿음에 모든 것을 걸었습니다. 그들은 믿음으로 말미암아 살다가 믿음 안에서 죽었습니다.

오늘날 그리스도인으로서 우리도 이러한 자리에 서 있습니다. 선택에 대한 압박이 우리에게 점점 더 밀려오고 있습니다. 여전히 이 세상과 세상이 주는 것에 기대를 거는 어리석은 사람이 있습니까? 우리의 인생을 지배하는 원리가 무엇입니까? 계산에 의한 원리입니까? 세상의 지혜, 곧 인간의 지식과 역사에 기반을 둔 통찰력 있고도 균형 잡힌 견해입니까? 아니면 우리의 인생과 이 세상은 잠시 있다 없어질 것이며 앞으로 올 세상을 준비하는 것일 뿐임을 경고하고 일러 주는 하나님의 말씀입니까?

하나님의 말씀은 우리에게 세상으로부터 완전히 등을 돌리라고 가르치지 않습니다. 오히려 올바른 관점으로 세상을 바라보라고 가르칩니다. 하나님의 말씀은 하나님의 나라가 이 땅에 임하는 것이 참으로 중요하다고 강력하게 주장합니다. 우리는 하나님의 존전에서 우리 자신에게 다음과 같은 간단한 질문을 던져 보아야 합니다. "과연 나의 삶은 믿음의 원리를 기초로 삼고 있는가? 과연 나는 내가 성경에서 읽는 것이 하나님의 말씀이며 참되다는 사실을 인정하는가? 또한 과연 나는 내 삶을 포함한 나의 전부를 이 믿음에 걸기를 원하는가?" 우리가 그렇게 할 수 있는 이유는 의인은 그의 믿음으로 말미암아 살기 때문입니다.

악의 멸망과 하나님의 승리에 대한 절대적 확실성

하박국 2장에 기록된 다섯 가지의 저주는 갈대아 사람들뿐만 아니라 역사의 보편적인 원리에도 해당됩니다. 이 세상의 모든 악은 하나님의 심판 아래 있습니다. 비록 갈대아 사람들이 잠시 번창하는 것처럼 보일지라도, 그 번창의 끝은 분명히 정해져 있습니다. 악인이 잠시 승리하여 무성한 나뭇잎과 같을 수도 있지만, 그것은 오래가지 않을 것입니다(시 37:35,36 참고). 그들의 멸망은 정해져 있습니다.

하나님이 왜 그런 일을 허용하시는가 하는 문제는 하나님의 백성을 혼란스럽게 만듭니다. 그러나 하나님은 자신의 목적을 이루기 위해 그런 일들을 허용하십니다. 그래서 하나님께서 갑자기 그분의 능력과 주권을 나타내 보이시기 전에, 이런 악한 세력 때문에 세상이 비틀거리기도 합니다. 그러므로 우리는 하나님께서 모든 것을 주관하고 계신다는 원칙을 붙들어야 합니다.

개인이든 국가든 전 세계든, 사악한 자의 길은 험합니다(잠 13:15 참고). 세상의 가치관을 붙들고 사는 사람이 사업적으로 악한 수단이나 방법을 통하여 재산을 모으고 최고의 자리에 오를 수도 있습니다. 그러나 그의 마지막을 보십시오! 그의 죽어 가는 모습과 무덤에 묻힌 모습, 그리고 그가 반드시 겪게 될 멸망과 저주를 생각해 보십시오! 우리는 이 땅에서의 성공에 눈이 멀 만큼 어리석은 그들을 불쌍히 여겨야 합니다. 그들의 마지막은 정해져 있습니다.

국가의 경우도 마찬가지입니다. 세계사에 관한 책을 통해 하나님을 믿지 않은 이집트와 바벨론과 그리스와 로마 제국 등이 마치 온 세상을 자신의 발아래 둔 것처럼 기세등등했던 것을 읽어 보십시오. 그리고 그들의 종말을 보십시오. 이후의 시대에는 터키 제국(오스만투르크)이 마치 전 세계를 정복할 것처럼 보이기도 했지만, 결국 그들도 멸망했습니다. 한 국가에 이어 또 다른 국가가 번성하다가 또다시 멸망하였습니다. 하나님께서 선언하신 저주가 실제로 나타날 때가 된 것입니다. 우리는 이 원리가 역사 속에서 실현되는 것을 보면서 한 시대를 견뎌 내고 있습니다.

오늘날 세상에서 일어나는 모든 일에도 여전히 이 원리가 적용됩니다. 하나님을 반대하는 모든 사람들에게는 저주가 선포되었습니다. 그들이 잠시 위대한 성공을 누린다 하더라도 그들은 멸망할 수밖에 없습니다. 그러므로 우리는 그들의 멸망을 준비해야 합니다. 겉으로는 그들이 세상을 지배하는 것처럼 보이지만, 그들은 큰 성공을 이룬 만큼 망할 것입니다. 악인에 대한 하나님의 저주와 심판과 멸망은 확실합니다.

이제 이 진리의 긍정적인 측면을 살펴봅시다. 하박국 2장 14절은 이렇게 말합니다.

"이는 물이 바다를 덮음같이 여호와의 영광을 인정하는 것이 세상에 가득함이니라."

어느 누구도 미래에 무슨 일이 일어날지를 구체적으로 예측할 수 없습니다. 그러나 우리는 매우 위대한 한 가지 사실에 대해 확신할 수 있습니다. 바로 하나님께서 궁극적으로 승리하신다는 사실입니다.

"예수님께서 해가 닿는 곳마다 다스리고
세상의 모든 곳을 다니시네.
그분의 나라는 바다에서부터 바다까지
더 이상 달이 차거나 기울지 않아 다할 때까지 이르리로다."[1]

그렇습니다. 이방인들이 창궐하고 사람들이 헛된 일을 꾸밀 때에도, 하나님은 "내가 나의 왕을 내 거룩한 산 시온에 세웠다"(시 2:6)라고 말씀하십니다. 하나님과 그분의 백성을 대적하는 자들이 날뛰도록 내버려 두십시오. 마치 그들이 그리스도의 교회를 멸망시킬 것처럼 보일 수도 있습니다! 그러나 '하늘에 있는 자들과 땅에 있는 자들과 땅 아래에 있는 자들로 모든 무릎을 예수의 이름에 꿇게 하시고 모든 입으로 예수 그리스도를 주라 시인하여 하나님 아버지께 영광을 돌리게'(빌 2:10) 하시는 그날이 반드시 올 것입니다. 그때 이 땅은 틀림없이 하

---

1) 역자주 – 이 찬송시는 한글 새찬송가에 "햇빛을 받는 곳마다(138장)"라는 제목으로 번역되어 실려 있습니다. 여기서는 원문의 의미를 더 명확하게 전달하기 위하여 직역하였습니다.

나님의 영광으로 가득 차게 될 것입니다. 그때 악한 자들은 버려져 모두 뜨거운 불 속으로 던져지고, 하나님을 대적하는 모든 것들이 파괴될 것입니다. 그리고 '의가 있는 곳인 새 하늘과 새 땅'(벧후 3:13)이 이루어지고 하나님의 도성이 내려오며, 의인들은 그곳에 들어갈 것입니다. 깨끗하지 않은 모든 것들이 밖에 버려지고, 하나님이 모든 것 안에서 모든 것이 되실 것입니다. 궁극적으로 하나님은 반드시 승리하실 것입니다.

그렇다면 이 모든 사실에 비추어 볼 때 우리가 내릴 수 있는 결론은 무엇입니까?

"새긴 우상은 그 새겨 만든 자에게 무엇이 유익하겠느냐? 부어 만든 우상은 거짓 스승이라. 만든 자가 이 말하지 못하는 우상을 의지하니 무엇이 유익하겠느냐?"(합 2:18)

하나님은 하나님 외에 다른 어떤 권세든지(심지어 '영국 연방'이나 '국제 연합UN'이라 할지라도), 사람들이 만들어 놓은 그 어떤 우상들이든지 그것들을 신뢰하거나 의지하는 것을 금하십니다!

"나무에게 깨라 하며 말하지 못하는 돌에게 일어나라 하는 자에게 화 있을진저, 그것이 교훈을 베풀겠느냐? 보라, 이는 금과 은으로 입힌 것인즉 그 속에는 생기가 도무지 없느니라"(합 2:19).

사람이 만든 것이 아니라 오직 하나님만을 믿으십시오!

"오직 여호와는 그 성전에 계시니 온 땅은 그 앞에서 잠잠할 지니라 하시니라"(합 2:20).

하나님 앞에서는 이방인들뿐만 아니라 믿는 자들도 잠잠해야 합니다. 하나님의 선하심과 거룩하심과 전능하심에 대해 어떤 의문이나 질문이나 불신도 없어야 합니다. 불만스러운 마음으로 "왜 하나님께서 이 일을 허용하시는가?" 또는 "왜 하나님께서 이렇게 행하시는가?"라고 묻지 마십시오. 선지자에게 주신 주님의 말씀을 깊이 생각하며 하나님을 바라보십시오. 궁극적이고 절대적인 그분을 바라보십시오. 어리석은 말을 하지 않도록 우리의 입을 막으십시오. 하나님께서 온 세상의 성전에 계시고 어디든지 계신다는 사실을 깨달으십시오. 그리고 잠잠히 겸손하게 하나님 앞에 엎드려 그분을 경배하십시오. 하나님의 은혜와 능력과 힘과 선하심을 높이고, 마음과 생각과 영혼으로 잠잠히 그분을 기다리십시오.

5장

참된 기도란 무엇인가

•
•

하박국 3장 1,2절

"¹시기오놋에 맞춘 선지자 하박국의 기도라 ²여호와여 내가 주께 대한 소문을 듣고 놀랐나이다 여호와여 주는 주의 일을 이 수년 내에 부흥하게 하옵소서 이 수년 내에 나타내시옵소서 진노 중에라도 긍휼을 잊지 마옵소서"(합 3:1,2).

참된 기도의 특징

하나님의 계시에 대한 하박국의 반응은 그의 기도에 잘 나타나 있습니다. 이 기도는 '시기오놋에 맞춘 선지자 하박국의 기도'(합 3:1)라는 제목을 가진 한 편의 아름다운 시이기도 합니다. 하박국의 기도는 음악에 맞춘 것이었습니다. 그런데 그 음악은 슬픔의 음악도 아니고, 기쁨의 음악도 아니었습니다.

그 음악은 매우 깊고 강한 감정을 표현하는 음악이었습니다. 하박국 선지자가 그의 존재의 가장 깊은 곳에서 부딪치는 감정들, 무엇보다 승리와 개선의 감정들로 인해 전율했다는 점은 의심할 여지가 없습니다.

하박국 3장은 전체가 선지자의 기도로 이루어져 있습니다. 기도에는 간구뿐만 아니라 찬송과 감사와 묵상과 경배가 포함되어 있습니다. 하박국 선지자의 기도에서 보는 것처럼, 종종 과거의 역사를 기억해 내는 것이 기도의 핵심 요소가 되기도 합니다. 성경에 나오는 위대한 기도의 사람들은 하나님께서 과거에 행하신 일을 떠올리며 기도합니다. 그들은 하나님께서 행하신 일들에 기초하여 간구했습니다. 그렇기 때문에 3장 전체가 하나의 위대한 기도인 것입니다.

3장 2절은 그리스도인들이 어려움과 위험을 만날 때마다 어떤 태도를 취해야 할지를 보여 주는 하나의 본보기입니다. 오늘날 세상의 상황은 영적인 사람으로 하여금 하박국서를 떠올리게 합니다. 그러면 우리는 또다시 이렇게 질문합니다. "왜 하나님은 개입하시지 않는가? 왜 하나님은 이 일들을 허용하시는가? 왜 하나님을 믿지 않는 자들이 그렇게 형통한가? 왜 하나님은 교회를 부흥시키시지 않는가?"

우리는 이러한 문제를 만날 때 하박국 선지자와 같은 태도를 취해야 합니다. 그런데 우리가 과연 정말 그렇게 하고 있습니까? 2차 세계대전의 어두운 날들을 보내면서 우리는 그렇게 했습니까? 우리는 소위 '국가 기도 기간'이라고 하는 때에 하나님 앞에서 하박국서나 다니엘 9장에서 보는 바와 같이 반응했습니까? 우리는 그 시기에 보인 교회와 국가의 태도에 가장 중요한 요소가 빠져 있었다는 것을 인정해야만 합니다.

선지자 하박국과 마찬가지로 그리스도인들도 언제나 어려움에 처하게 됩니다. '광명의 천사'로 가장한 사탄(고후 11:14 참고)은 신자들로 하여금 잘못된 사실을 보게 하고 하나님에 대한 태도를 왜곡시킴으로써 이 모든 혼란을 자신에게 유리하게 바꾸려고 합니다. 이러한 시험과 혼란의 시기에 그리스도인들은 하박국과 같이 행해야 합니다.

참된 기도의 본질적 요소

겸손

가장 먼저 우리는 선지자가 스스로 겸손해지는 모습, 즉 그의 겸손한 태도를 볼 수 있습니다. 하박국은 이렇게 말합니다.

"여호와여 내가 주께 대한 소문을 듣고 놀랐나이다! 여호와여 주는 주의 일을 이 수년 내에 부흥하게 하옵소서. 이 수년 내에 나타내시옵소서. 진노 중에라도 긍휼을 잊지 마옵소서"(합 3:2).

하박국은 처음과는 달리 하나님께 따지지도 않고, 하나님의 방식에 대해 묻지도 않습니다. 그는 하나님께서 그에게 하신 말씀에 대해 아무런 이의를 제기하지 않습니다. 그는 하나님의 말씀을 이해할 수 없어서 당혹스러워하는 데서 그것을 뛰어넘는 단계로 발전했습니다. 그는 하나님께 심판하시려는 결심을 돌이켜 달라고 호소하지도 않습니다. 하나님께 심판을 멈추어 달라고 하거나 이스라엘을 살려 달라고 요청하지도 않습니다. 오히려 그는 하나님께서 행하겠다고 말씀하신 것이 전적으로 옳음을 인정합니다. 그는 하나님이 절대적으로 의로우시며 이스라엘이 받을 심판이 마땅하다는 자세를 취합니다.

이처럼 하박국은 하나님의 뜻에 온전히 순종합니다.[1] 그는 이스라엘이나 자기 자신을 변호하려고 하지 않고 죄를 솔직하게 시인하며, 하나님의 의와 거룩과 공의를 인정합니다. 그는 '수치가 우리에게 돌아오고'(단 9:8) 있다고 말합니다. 하박국

---

1) 다니엘 9장에 나오는 기도를 참고하십시오.

에게는 자기 의의 흔적이 조금도 남아 있지 않습니다. 오히려 그는 죄를 온전히 시인하면서 이스라엘 민족에 대한 하나님의 심판에 전적으로 순복합니다.

하박국이 이렇게 행동할 수 있었던 이유는 무엇입니까? 아마도 하박국은 그의 민족과 갈대아 사람에 대해 생각하기를 멈추고 오직 이 세상에 깔려 있는 죄악의 어둠에 맞선 하나님의 거룩하심과 공의로우심을 묵상했을 때 그렇게 행동하게 된 것 같습니다. 우리의 문제의 원인은 대부분 우리가 하나님의 빛 안에서 그 문제를 바라보지 않고 당면한 문제에만 집착하는 데 있습니다. 하박국도 이전에는 이스라엘과 갈대아 사람들을 바라보면서 불안해했습니다. 그러나 그는 이제 이스라엘과 갈대아 사람을 잊고 하나님께 초점을 맞췄습니다. 그는 하나님의 거룩하심, 그리고 인간과 세상의 죄악과 관련된 영적 진리의 영역으로 돌아왔습니다. 따라서 그는 모든 것들을 완전히 새롭게 볼 수 있게 되었습니다.

이제 그는 오직 하나님의 영광에만 관심을 두게 되었습니다. 그는 비록 하나님께서 이스라엘 백성보다 훨씬 더 악한 죄인인 갈대아 사람을 사용하실 것이라는 점에 대해 혼란스러워했지만, 거기서 생각을 멈추었습니다. 다른 나라의 죄악이 더 심각해 보이는 동안 선지자는 이스라엘의 죄악을 잊어버리게 되었습니다. 그리고 그가 이런 태도를 고집하는 동안 그의 마음과 생각에는 오직 혼란과 불만만이 가득했습니다. 그러나 선지자는 그 상태에서 완전히 벗어나 오직 거룩한 성전에 계신 주님의 놀라운 환상만을 보게 되었고, 더불어 주님 아래 있는 죄악된 인류와 세상도 보게 되었습니다. 모든 일을 이런 관점으로 보게 되자 이스라엘과 갈대아 사람들의 차이는 상대적으로 덜 중요해졌습니다. 한 개인이든 국가든 더는 높임을 받을 수 없었습니다. 영적인 관점에서 보면 우리는 이렇게 고백할 수밖에 없습니다.

"모든 사람이 죄를 범하였으매 하나님의 영광에 이르지 못하더니"(롬 3:23).

"온 세상은 악한 자 안에 처한 것이며"(요일 5:19).

중요한 것은 오직 하나님이 거룩하시며 인간이 죄악되다는 것입니다.

여기에 오늘날 우리가 겪는 상황의 핵심이 있습니다. 이제 우리에게 겸손이 필요하다는 사실을 인정합니까? 기독교회의 회원으로서 겸손이 필요하다는 사실을 인정합니까? 하나님 나라의 시민으로서 그것을 인정합니까? 우리가 맞닥뜨리는 세상에서 무슨 일이 일어날지를 우리는 알지 못합니다. 또 전쟁이 일어날까요? "하나님께서 왜 이런 일을 허용하시는가? 우리가 이런 일을 당할 만한 무슨 잘못을 하였는가?" 만일 우리가 이런 의문을 가진다면, 우리는 분명히 하박국 선지자가 깨달은 교훈을 아직 깨닫지 못한 것입니다.

우리는 1차 세계대전과 2차 세계대전을 겪고서도 진정으로 겸손해지지 못했습니다. 인간의 자부심과 교만에서 비롯된 이 두 전쟁이 거의 백 년 동안 걷잡을 수 없이 횡행했던 불경건의 필연적인 결과라는 사실을 깨닫지 못했습니다. 과연 기독교는 교회의 현실과 많은 고난이 교회가 자주 불신앙과 배교에 빠진 것에 대한 주님의 책망임을 깨달았습니까? 교회는 백 년 동안 대체로 초자연적이고도 기적적인 것을 부인해 왔습니다. 그리고 그리스도의 신성을 의심하면서 계시보다는 철학을 더 우위에 두었습니다.

그렇다면 과연 교회가 지금 어려움에 처해 있다고 불평할 수 있는 처지이겠습니까? 교회는 베옷을 입고 재를 덮어쓰고 스스로 겸손해졌습니까? 교회는 자신의 죄를 고백하고 시인하였습니까? 그렇다면 하나님께서 크게 복 주고 사용하셨던 우리나라(영국)는 과연 불평할 권리가 있습니까? 교회는 그렇게 큰 복을 주신 하나님께 어떻게 보답하였습니까? 우리나라가 경건하지 못하며 영적인 기준에서 많이 벗어났다는 사실을 깨닫는다면, 우리에게 항의할 권리가 과연 있겠습니까? 그렇다면 전 세계는 불평할 수 있는 권리를 가지고 있습니까? 하나님께서 우리를 심판하시는데도 여전히 교만하지 않습니까? 회개의 영이 있습니까? 만일 있다면 도대체 어디에 있습니까?

세상의 불경건함만을 보는 것은 철저히 비성경적이며 현세적입니다. 그리스도인들, 심지어 지도자들조차도 공산주의만이 유일한 문제라고 여기는 듯한 인상을 줍니다. 그들은 하박국이 잠시 **빠졌던** 오류에 **빠져** 있습니다. 사람들은 이러한 말을 매우 자주 듣습니다. "교회도 완전하지는 않지만, 공산주의를 보라. 교회도 그 역할을 충실히 감당하지는 못하지만, 저 공산주의를 보라!" 그런 까닭에 그들은 스스로 겸손해야 할 필요성을 전혀 깨닫지 못합니다. 많은 사람들은 그것이 갈대아 사람이든 공산주의든 오직 한 가지 원인만을 생각합니다. 그러나 그런 것들을 바라보는 동안 그들은 스스로 겸손해질 준비를 할 수 없습니다. 선지자 하박국이 배운 교훈은 그가 던져야 할 질문이 민족주의나 다른 나라를 향한 적대감에 대한 것이 아니라는 것이었습니다. 하나님의 거룩하심과 죄에 대한 것 외에는 아무것도 중요하지 않습니다. 우리가 할 수 있는 것은 우리 자신이 하나님 앞에 겸손히 엎드리는 것밖에 없습니다.

교회가 공산주의에 맞서 싸우자는 로마교회의 캠페인에 동참하는 것은 말할 것도 없고 그러한 일을 교회의 가장 우선적인 사명으로 여기는 것은 가장 비참하고 비성경적인 일일 것입니다. 교회와 국가의 연합은 있을 수 없습니다. 정치적인 관점에서가 아니라 영적인 관점에서 이런 문제들을 생각해야 합니다. 교회든 국가든 세계든 간에, 하나님의 거룩하심과 인간의 죄가 우리의 유일한 관심사가 되어야 합니다. 공산주의나 하나님을 대적하는 자에 대해서 사실이 무엇이든지 상관없이 우리의 첫 번째 질문은 '과연 나의 모습은 어떠한가?'이어야 합니다. 나보다 더 악한 자들이 있다는 사실이 "그러므로 나는 괜찮다"라고 말해 줍니까? 다니엘과 하박국은 결코 그렇게 생각하지 않았습니다. 우리는 모두 하박국처럼 하나님께 고백해야 합니다. "우리는 주님께 죄를 지었으며, 주님의 거룩한 존전에서 우리 죄의 대가를 가볍게 해 달라고 간청할 자격도 없습니다." 이와 같이 하나님 앞에서 겸손해지는 것이 절실히 필요합니다.

경배

기도의 두 번째 요소는 경배입니다.

"여호와여 내가 주께 대한 소문을 듣고 놀랐나이다"(합 3:2).

여기서 '놀랐다'는 말은 하박국 선지자가 하나님께서 장차 일어나리라고 알려 주신 일들 때문에 놀랐다는 뜻이 아닙니다. 그는 앞으로 닥칠 고난을 두려워하지 않았습니다. '놀랐다'는 말은 하나님의 존전에서 경험하는 경외감, 또는 하나님과 그분의 신비로운 방식에 대한 경배와 찬양을 표현하고 있습니다. 하나님께서 자신의 역사에 관한 계획을 알려 주시자, 하박국 선지자는 하나님께서 그분의 거룩한 성전에 계시고 세상이 그분의 발아래 있다는 사실을 묵상하면서 놀라움과 경외감으로 설 수밖에 없었습니다. 하나님의 전능하심과 거룩하심을 깨닫자, 그는 "내가 놀랐나이다"라고 말할 수밖에 없었습니다.

히브리서에는 '경건함과 두려움'(히 12:28)이라는 말로 이런 태도가 묘사되어 있습니다. 그런데 심지어 복음주의자들에게도 이런 태도가 부족합니다. 우리는 가장 높으신 분에게 너무

쉽게 친근감을 느낍니다. 우리가 그리스도의 피로 말미암아 거룩한 담대함으로 하나님의 임재로 나아갈 수 있음에 하나님께 감사하십시오(엡 3:12; 히 4:16 참고). 그러나 이러한 사실로 인해 절대 우리의 경건함이나 두려움이 약해져서는 안 됩니다. 오래전에 하나님의 백성들은, 특히 그중에서도 가장 영적이었던 사람들은 하나님의 거룩하심과 위대하심을 너무나 강하게 의식한 나머지 그분의 이름을 사용하는 일조차 두려워했습니다. 그들은 하나님의 신성함과 거룩함과 전능하심을 말로 표현할 수 없어서 "내가 놀랐나이다"라고 하였습니다. 마찬가지로 우리도 하나님께 '경건함과 두려움으로'(히 12:28) 나아가야 합니다. 왜냐하면 우리 하나님은 '소멸하는 불'(히 12:29)이시기 때문입니다.

우리가 살고 있는 이 시대를 이해하기 위해서는 반드시 이 사실을 알아야 합니다. 우리는 끊임없이 변하는 시대와 역사 이면에 자신의 거룩한 성전에 거하시는 하나님을 바라보는 법을 배워야 합니다. 하나님의 임재 안에서는 오직 하나님의 거룩한 본질과 우리 자신의 죄만 보입니다. 그러하기에 우리는 겸손함과 경건함으로 하나님을 경배해야 합니다.

간구

마지막으로 우리가 살펴볼 요소는 간구입니다. 사도 바울은 "아무것도 염려하지 말고 다만 모든 일에 기도와 간구로, 너희 구할 것을 감사함으로 하나님께 아뢰라"(빌 4:6)라고 말합니다. 참된 기도는 항상 겸손과 경배와 간구, 이 세 가지 요소를 포함합니다.

하박국이 간구한 것은 무엇입니까? 그는 구원과 안락함을 구하지도 않았고, 이스라엘 백성들을 살려 달라고 구하지도 않았으며, 갈대아 사람들과 전쟁하지 않게 해 달라고 구하지도 않았습니다. 또한 고난받지 않게 해 달라거나 예루살렘이 약탈당하지 않게 해 달라고, 또는 성전이 철저히 파괴되는 일이 일어나지 않게 해 달라고 구하지도 않았습니다. 이러한 일들이 있어야 하며 당해도 마땅한 일들이라는 사실을 그가 깨달았기 때문입니다. 그는 하나님께서 계획을 바꾸시기를 기도하지 않았습니다.

선지자의 단 한 가지 관심은 하나님의 일하심과 목적이 하나님의 나라와 온 세상에 이루어지는 것이었습니다. 그는 모든 일이 바르게 행해지기를 바랄 뿐이었습니다. 실제로 그는 다음과 같이 고백할 수 있는 데까지 이르렀습니다. "나와 나의 민족이 어떤 고난을 받든지 주님의 일이 부흥되고 순결하게 행해진다면, 나는 그 고난에 대해 염려하지 않습니다." 그의 단 한 가지 청원은 하나님께서 주의 일을 수년 내에 부흥하게 하시는 것이었습니다.

"여호와여 주는 주의 일을 이 수년 내에 부흥하게 하옵소서. 이 수년 내에 나타내시옵소서"(합 3:2).

'수년 내에'라는 표현은 분명히 '우리에게 예언된 괴로운 일들이 실제로 일어나는 동안에' 또는 '주님께서 미리 말씀하신 고난과 재난의 때에라도'라는 뜻일 것입니다. 이것은 오늘날 교회가 할 수 있는 가장 적절한 기도입니다.

만일 우리가 교회의 순결성보다는 또 다른 전쟁이 일어날 가능성을 더욱 염려한다면, 우리는 기독교에 대해 매우 심각하게 성찰해 보아야 합니다. 우리 그리스도인들의 가장 큰 염려거리가 무엇입니까? 우리 주변에서 일어나는 사건들입니까? 아니면 전능하신 하나님의 이름과 영광, 또는 그분의 교회가 건강한지의 여부와 교회의 상태, 또는 사람들을 향한 하나님의 뜻이 성취되는 것입니까? 하박국에게는 오직 한 가지 염려만이 있었습니다. 그는 앞으로 어떤 일이 일어날지 알고 있었지만, 이스라엘 가운데 하나님의 일이 부흥되기를 기도

했습니다.

히브리어로 '부흥'은 '보존하다' 또는 '살아 있게 하다'라는 의미를 지닙니다. 하박국은 교회가 모두 파괴되는 것을 가장 두려워했습니다. 그래서 그는 "보존하여 주소서. 주여, 교회를 살리고, 전멸되지 않게 하소서"라고 기도하였습니다. 그러나 부흥은 이러한 의미 외에 '깨끗하게 하다, 교정하다, 모든 악을 제거하다'라는 뜻도 가지고 있습니다. 이러한 것들은 하나님께서 부흥을 이루시는 모든 곳에 반드시 따라오는 내용입니다. 모든 부흥의 역사 속에서 우리는 하나님께서 깨끗하게 하시는 것과, 하나님의 뜻을 훼방하는 것들과 죄와 불순물을 제거하시는 것을 보게 됩니다.

또 한편 하나님은 교회를 보존하고 정결하게 하며 교정하는 동시에 구원을 준비하게 하십니다. 선지자는 다가올 재난을 바라보면서 이렇게 말했습니다. "주여, 우리가 징벌을 받는 동안에도 앞으로 있을 구원을 위해 우리를 준비시켜 주소서. 주님의 모든 사람들을 주님의 복을 받기에 합당한 자들로 빚어 주소서." 이것은 곧 "주님의 일을 기억하고 그 일이 주님의 뜻대로 이루어지게 하소서. 교회가 교회의 역할을 감당하게 이끄소서"라는 말입니다.

하나님은 다니엘이 기도했을 때와 같이, 이스라엘 백성이 바벨론에서 포로로 있을 때나 갈대아 사람들에게 붙잡혀 있을 때에도 이 기도를 그대로 들어주셨습니다. 하나님은 징벌을 통하여, 심지어 징벌이 실현되는 순간에도 부흥을 위한 기도를 들어주셨습니다.

하박국의 마지막 호소는 매우 감동적입니다.

"진노 중에라도 긍휼을 잊지 마옵소서"(합 3:2).

매튜 헨리Matthew Henry는 하박국 선지자가 이 구절에서 "주여, 우리가 벌을 받아야 한다는 것을 압니다. 그러나 우리도 잘하려고 노력했고, 역사를 보면 지금보다 더 심각한 때도 있었음을 기억해 주소서"라고 말하는 것이 아님을 지적합니다. 하박국은 하나님께 그들의 공로를 근거로 그들을 기억해 달라고 하지 않았습니다. 그는 오히려 진노 중에라도 '긍휼'로 기억해 달라고 간구했습니다. 여기서 '진노'는 하나님의 완전한 의와 공의를 의미합니다. 하박국 선지자가 유일하게 한 일은 하나님께 그분의 본성과 거룩함의 또 다른 측면인 긍휼을 상기시켜 드리는 것이었습니다. 즉, 그는 다음과 같이 구하고 있습니다. "진노를 긍휼로 누그러뜨리소서. 우리는 주님께서 주님의 본성에 따라 행하고, 진노 가운데 우리를 불쌍히 여기시기만을 구할 수밖에 없습니다."

하박국 선지자의 기도는 이러한 시기를 위한 기도의 모범을 보여 줍니다. 2차 세계대전 기간에 우리는 '국가 기도 기간'을 가졌습니다. 그때 우리는 마치 우리에게는 아무 문제가 없고 오직 적들에게 모든 잘못이 있는 것처럼, 하나님께 적들을 무너뜨려 달라고만 간구하면 된다고 생각했습니다. 진실한 겸손이나 죄의 고백, 또는 우리의 전적인 죄성과 하나님을 떠난 것에 대한 애통함은 눈을 씻고 찾아도 볼 수 없었습니다. 그러나 우리 자신보다 더 악하다고 생각하는 다른 사람들을 잊고 우리 자신이 진실로 겸손해지기 전까지, 또 하나님의 관점에서 우리 자신을 바라보고 우리의 죄를 고백하며 그분의 전능하신 손에 우리를 맡기기 전까지, 우리는 평안과 행복을 기대할 수 없습니다.

이것이 바로 하박국의 메시지입니다. 세상이 하나님의 말씀을 통해 이런 위대한 교훈을 배우기 전에는 그 어떤 소망도 없습니다. 오직 전쟁만 계속될 뿐입니다. 하나님은 우리가 성경의 이러한 메시지를 믿고 정치적인 시각이 아닌 영적인 시각으로 세상의 일들을 볼 수 있도록 은혜를 베풀어 주셨습니다.

이 원리를 개인에게 적용해 봅시다. "과연 나는 하나님께

벌받을 만한 일을 한 적이 있는가? 하나님이 보시기에 나는 과연 옳은가?"라고 자신에게 질문함으로써 개인의 문제에 이 원리를 적용해야 합니다. 우리 자신을 돌아보고, 하나님의 전능한 손 아래서 겸손해집시다. 그리고 가장 먼저 우리의 영혼에 관심을 가집시다. 우리는 늘 겉으로 보이는 상황과 문제만을 바라볼 뿐, 우리의 영혼에 하나님께서 다루시고자 하는 문제가 있는지를 깨달으려고는 노력하지 않습니다. 이것이 우리의 문제입니다. 자신이 당하는 고난보다 자신의 영혼의 상태에 진실로 관심을 가지는 순간, 그는 하나님께 복 받는 길로 들어서게 될 것입니다.

히브리서에서는 "주께서 그 사랑하시는 자를 징계하시고"(히 12:6)라고 선언함으로써 징계야말로 하나님의 자녀라는 증거가 됨을 보여 줍니다. 만일 우리가 징계를 경험하지 못했다면, 우리는 염려해야 합니다. 왜냐하면 우리가 하나님의 자녀라면, 하나님께서 우리를 완전하게 하기 위해 징계하실 것이기 때문입니다. 만일 우리가 하나님의 말씀을 듣지 않는다면, 하나님께서 다른 방법을 통해서라도 우리를 최종 목적지로 인도하실 것입니다.

"주께서 그 사랑하시는 자를 징계하시고 그가 받아들이시는 아들마다 채찍질하심이라 하였으니"(히 12:6).

상황이 어려울 때 그 상황만을 바라보지 말고, 우리 자신을 돌아보면서 이렇게 질문하십시오. "내 영혼의 상태는 어떠한가? 하나님께서 나에게 뭐라고 말씀하시며, 나에게 어떤 일들을 행하고 계시는가? 내가 여기서 무슨 유익을 얻을 수 있는가?"

우리 자신을 돌아보고 겸손해진 후에 우리 자신을 하나님의 손에 맡기십시오. 그리고 이렇게 고백하십시오. "주여, 아무리 힘든 길이라도 나의 길이 아닌 주님의 길을 가게 하소서. 나의 단 한 가지 소원은 내 영혼이 바르게 되는 것입니다. 오직 진노 중에라도 긍휼을 잊지 마옵소서. 그러나 그 모든 것보다도 주님의 일을 계속 행하사 나의 영혼이 부흥하게 하시고, 나로 하여금 주님의 마음에 흡족한 자가 되게 하소서."

이것이 바로 하박국 선지자의 태도이며, 모든 참된 선지자들의 태도입니다. 그리고 이것이 참된 부흥과 영적 깨달음이 있는 모든 시기에 교회가 취하는 태도입니다. 또한 이것이 오늘날 교회와 모든 그리스도인들이 유일하게 가져야 할 바르고 성경적이며 영적인 태도입니다. 우리는 공산주의의 협박이나 교회를 위협하는 다른 것들을 생각하기보다 교회의 건강과 순결에 더 깊은 관심을 가져야 합니다. 특히 하나님의 거룩하심과 인간의 죄에 대해 깊이 생각해야 합니다.

6장

하나님으로 기뻐하리라

•
•

하박국 3장 3-19절

"³하나님이 데만에서부터 오시며 거룩한 자가 바란산에서부터 오시는도다(셀라) 그의 영광이 하늘을 덮었고 그의 찬송이 세계에 가득하도다 ⁴그의 광명이 햇빛 같고 광선이 그의 손에서 나오니 그의 권능이 그 속에 감추어졌도다 ⁵역병이 그 앞에서 행하며 불덩이가 그의 발밑에서 나오는도다 ⁶그가 서신즉 땅이 진동하며 그가 보신즉 여러 나라가 전율하며 영원한 산이 무너지며 무궁한 작은 산이 엎드러지나니 그의 행하심이 예로부터 그러하시도다 ⁷내가 본즉 구산의 장막이 환난을 당하고 미디안 땅의 휘장이 흔들리는도다 ⁸여호와여 주께서 말을 타시며 구원의 병거를 모시오니 강들을 분히 여기심이니이까 강들을 노여워하심이니이까 바다를 향하여 성내심이니이까 ⁹주께서 활을 꺼내시고 화살을 바로 쏘셨나이다(셀라) 주께서 강들로 땅을 쪼개셨나이다 ¹⁰산들이 주를 보고 흔들리며 창수가 넘치고 바다가 소리를 지르며 손을 높이 들었나이다 ¹¹날아가는 주의 화살의 빛과 번쩍이는 주의 창의 광채로 말미암아 해와 달이 그 처소에 멈추었나이다 ¹²주께서 노를 발하사 땅을 두르셨으며 분을 내사 여러 나라를 밟으셨나이다 ¹³주께서 주의 백성을 구원하시려고, 기름 부음 받은 자를 구원하시려고 나오사 악인의 집의 머리를 치시며 그 기초를 바닥까지 드러내셨나이다(셀라) ¹⁴그들이 회오리바람처럼 이르러 나를 흩으려 하며 가만히 가난한 자 삼키기를 즐거워하나 오직 주께서 그들의 전사의 머리를 그들의 창으로 찌르셨나이다 ¹⁵주께서 말을 타시고 바다 곧 큰 물의 파도를 밟으셨나이다 ¹⁶내가 들었으므로 내 창자가 흔들렸고 그 목소리로 말미암아 내 입술이 떨렸도다 무리가 우리를 치러 올라오는 환난 날을 내가 기다리므로 썩이는 것이 내 뼈에 들어왔으며 내 몸은 내 처소에서 떨리는도다 ¹⁷비록 무화과나무가 무성하지 못하며 포도나무에 열매가 없으며 감람나무에 소출이 없으며 밭에 먹을 것이 없으며 우리에 양이 없으며 외양간에 소가 없을지라도 ¹⁸나는 여호와로 말미암아 즐거워하며 나의 구원의 하나님으로 말미암아 기뻐하리로다 ¹⁹주 여호와는 나의 힘이시라 나의 발을 사슴과 같게 하사 나를 나의 높은 곳으로 다니게 하시리로다 이 노래는 지휘하는 사람을 위하여 내 수금에 맞춘 것이니라"(합 3:3-19).

믿음과 두려움

"내가 들었으므로 내 창자가 흔들렸고 그 목소리로 말미암아 내 입술이 떨렸도다. 무리가 우리를 치러 올라오는 환난 날을 내가 기다리므로 썩이는 것이 내 뼈에 들어왔으며 내 몸은 내 처소에서 떨리는도다"(합 3:16).

신학적이거나 철학적인 문제는 더 이상 하박국 선지자에게 문제가 되지 않습니다. 그는 모든 것을 뚜렷이 보게 되었습니다. 그러나 그도 사람이기에 심판이 다가오는 것이 두려웠습니다. 이 모든 일들이 임박한 상황 속에서 그가 어떻게 내적 평안을 찾을 수 있을까요? 어떻게 이 모든 일에 맞설 수 있을까요?

하나님의 위대한 선지자들도 우리와 같은 사람이며 우리와 같이 연약함을 지니고 있었다는 사실은 우리에게 큰 위로가 됩니다. 선지자들의 위대한 통찰력으로 인해 우리는 그들을 우리와는 다른 사람으로 생각하곤 합니다. 그러나 선지자들을 그렇게 바라본다면, 그들의 글을 연구하면서 우리가 누리는 유익이 줄어들 것입니다.

여기서 우리는 하박국 선지자의 성격을 얼핏 볼 수 있습니다. 그는 자신이 하나님의 말씀을 듣고서 사시나무 떨듯이 떨었다고 말해 줄 만큼 솔직합니다. 주님도 인성을 입고 이 땅에 오셨을 때 인간으로서의 연약함을 알고 "마음에는 원이로되 육신이 약하도다"(마 26:41)라고 말씀하셨습니다.

우리는 우리의 육신의 연약함과 믿음 없음을 별개의 것으로 구별해 주신 하나님께 감사해야 합니다. 매우 훌륭한 믿음을 가진 하나님의 사람들도 종종 그들이 맞서야 하는 장래의 일들 때문에 움츠러들곤 했습니다. 진리를 깨닫고 교리를 이해하는 것이 가장 중요하지만, 우리가 이것들을 명백히 이해하고 있더라도 육신적으로는 여전히 떨 수 있습니다. 어떤 괴로운 상황 속에서 두려워 떠는 것이 반드시 당신에게 믿음이 없다는 것을 의미하지는 않습니다. 그런데도 사탄은 당신이 그렇게 믿도록 설득하려 합니다. 만일 당신이 그렇게 믿게끔 유혹을 받는다면, 하박국 선지자를 기억하십시오! 하박국은 완벽하게 이해하고서도 육신의 연약함으로 인해 사시나무 떨듯이 떨었습니다.

두려워하는 선지자를 위한 하나님의 손길

하나님의 종들의 예

하나님은 우리의 체질을 아시며 우리가 단지 먼지뿐임을 기억하십니다(시 103:14 참고). 하나님은 인간의 연약함을 아시고, 우리를 위해 놀라운 일을 예비해 두셨습니다. 가장 먼저 하나님은 은혜롭게도 자신의 가장 위대한 종들조차도 하나님의 말씀을 믿으면서도 육신의 두려움을 가지고 있었음을 말씀해 주십니다. 하박국의 경우도 그러했습니다. 위대한 믿음의 사람인 아브라함도 때로는 육신의 연약함을 경험했습니다. 다윗도 믿음의 사람이었지만 그의 육신이 그를 연약하게 만든다는 사실을 인정했습니다. 또한 예레미야도 하박국처럼 암담한 일을 예언해야 했고, 때로는 그로 인해 견딜 수 없는 고통을 느끼기도 했습니다. 그가 전해야 할 메시지가 너무나 괴로웠기 때문에 마음으로는 그것을 전할 준비가 되어 있다 할지라도 육신적으로는 당연히 망설일 수밖에 없었습니다.

세례 요한도 마찬가지입니다. 감옥에서도 그의 영혼은 여전히 믿음 가운데 있었지만, 그의 육신은 점점 약해지고 지치고 고통스러워했습니다. 또한 위대한 사도 바울에게서도 육신의 연약함을 발견할 수 있습니다. 바울은 고린도후서에서 그의 육체가 편하지 못하다고 말합니다. 또 "사방으로 환난을 당하여 밖으로는 다툼이요 안으로는 두려움이었노라"(고후 7:5)라고 말합니다. 뿐만 아니라 고린도교회에서 처음 말씀을 전할 때에도 그는 "약하고 두려워하고 심히 떨었노라"(고전 2:3)라고 말합니다. 이러한 예들은 우리의 연약함을 아시는 하나님께서 그분의 긍휼로 우리를 어려움에서 건져 내실 것이라는 확신을 심어 줍니다.

자기 절제가 아닌 기쁨의 선물

그렇다면 인간의 연약함과 관련하여 사람이 무엇을 할 수 있을까요? 갈대아 사람들이 도착하여 도시를 파괴하기 시작할 때에도 평안을 유지할 수 있는 방법이 무엇이었을까요? 모든 것을 완전히 잃었을 때에도 하나님의 백성 중에 남아 있는 신실한 사람들을 지탱해 준 것은 무엇일까요?

그들은 그저 단념하지 않았습니다. 또 '이미 엎질러진 물은

담을 수 없으니 흥분하거나 염려할 필요가 없다. 우리가 할 수 있는 일이 아무것도 없지 않은가!'라는 식으로 생각하지도 않았습니다. 심리적으로 무관심하리라 결심한 것도 아니었습니다. 자신을 억제하며 마치 도피하듯이 "가장 좋은 방법은 그것에 대해 아예 생각하지 않는 것이다! 그림을 보거나 소설을 읽으면서 아무것도 생각하지 말자!"라고 말하지도 않았습니다. 또한 용감해지려고 노력하지도 않았습니다. 여기에는 용기를 북돋아 주기 위한 충고가 전혀 없습니다. 여기에는 단순히 의지적인 노력이나 "나는 흐느끼거나 울지 않을 것이다. 나는 남자다"라고 말하는 것보다도 훨씬 더 큰 무언가가 있습니다. 하박국은 그의 창자가 흔들렸고 그 목소리로 말미암아 그의 입술이 떨렸으며 썩이는 것이 그의 뼈에 들어왔다고 인정합니다(합 3:16 참고).

'심리적인' 대처 방안은 성경적인 방식과는 매우 다릅니다. 어찌 할 수 없는 큰 두려움에 휩싸인 사람에게 "침착해. 냉정해져야 해"라고 말하는 것은 종종 그 사람에게 잔혹한 말이 될 뿐입니다. 만일 그가 의지적으로 침착해질 수 있었다면 이미 침착해졌을 것이고, 그의 떨림이 멈추었을 것입니다. 그러나 선지자는 지금 그의 육신으로부터 나오는 두려운 마음을 억제할 수 없는 상황 가운데 있습니다. 아무리 노력해도 떨리는 마음을 어찌 할 수 없습니다.

여러분, 2차 세계대전을 치른 오늘날 세상이 제안하는 방식은 몇몇 사람들에게만 효과적일 뿐, 어떤 사람들에게는 전혀 도움이 되지 않습니다. 육신의 연약함에서 비롯된 충격에 완전히 둘러싸인 사람에게는 그런 세상의 방법이 아무런 의미도 가질 수 없습니다.

성경은 그저 단념하게 하거나 용기를 북돋우려고 하지 않고, 그토록 괴로운 상황 속에서도 실제로 기뻐할 수 있다는 것을 보여 줍니다. 하박국 3장 17,18절 말씀을 보십시오.

"비록 무화과나무가 무성하지 못하며 포도나무에 열매가 없으며 감람나무에 소출이 없으며 밭에 먹을 것이 없으며 우리에 양이 없으며 외양간에 소가 없을지라도, 나는 여호와로 말미암아 즐거워하며 나의 구원의 하나님으로 말미암아 기뻐하리로다."

그리스도인들은 바로 이것을 믿고 나아가야 합니다. 성품이 좋은 사람이라면 하나님을 믿지 않더라도 스스로 타이르고 깨우쳐 단념하게 하거나 용감한 척할 수도 있습니다. 2차 세계대전 때 많은 사람들이 이런 방법을 사용했으며, 또 앞으로도 많은 사람들이 계속해서 이 방법을 사용할 것입니다. 이것은 어느 정도 아주 칭찬할 만한 정신입니다. 그러나 이와 반대로, 그리스도인은 비록 육신적으로는 철저히 불안해하더라도 위험 속에서 용기를 얻고 기쁨을 누릴 수 있다고 확신할 수 있습니다. 그리스도인은 환난 중에도 즐거워할 수 있으며 가장 나쁜 상황 속에서도 승리할 수 있습니다(롬 5:3 참고). 이것이 바로 오직 그리스도인만이 가질 수 있는 도전입니다.

이런 면에서 우리 그리스도인들은 세상과는 달라야 합니다. 지옥과 같은 환경이 펼쳐지고 가장 나쁘다고 생각한 상황이 그보다도 더 나빠져 갈 때, 우리는 그저 침착하게 참고 견디는 것 이상으로 대처해야 합니다. 우리는 거룩한 기쁨을 깨닫고, 그 기뻐하는 마음을 분명히 보여 주어야 합니다. 우리는 그저 강철같이 단단한 의지로 자기를 절제하는 자들이 아니라 '넉넉히 이기는'(롬 8:37 참고) 자들이 되어야 합니다. 우리는 주님 안에서 즐거워하며, 우리의 구원의 하나님을 기뻐해야 합니다. 고난의 시간은 그리스도인이 자신의 믿음의 고백을 시험해 볼 수 있는 기회입니다. 만일 우리가 고난의 시간에 넉넉히 이기지 못한다면, 우리는 그리스도인으로서 실패하는 것입니다.

역사를 되돌아보도록 격려함

그렇다면 무엇이 이런 일을 가능하게 할까요? 앞에서도 언급하였듯이, 하박국 선지자는 역사를 기독교적 관점으로 올바로 해석하면서 위로를 찾습니다. 시편 기자도 우리가 두려워하는 상황들에 부딪힐 때마다 하나님께서 인류를 다루어 오신 역사를 되돌아보고, 그로 말미암아 하나님을 찬양하고 기뻐합니다. 마찬가지로 하박국 선지자도 이스라엘 자녀들의 기나긴 이야기 속에 있는 위대한 사실들을 기억합니다. 특히 그는 애굽에서 종살이하는 이스라엘을 구원하고 홍해를 건너게 하신 하나님의 역사, 광야에서의 여정과 마침내 적을 물리치고 가나안 땅을 차지하게 된 역사를 기억합니다.

우리도 역사를 바르게 해석해야 합니다. 이것이 우리 앞에 있는 날들을 감당할 수 있는 유일한 방법입니다. 오늘날 우리가 살고 있는 세상을 바라볼 때 이 사실 외에 기뻐할 만한 다른 이유가 있습니까? 장차 무슨 일이 일어나든지, 선지자가 생생하게 묘사한 것처럼 두려운 상황이 우리에게 닥칠 때, 우리는 역사를 되돌아보아야 합니다.

- **사실에 집중하고 그것들이 사실임을 분명히 깨달으라.**

선지자는 하나님께서 행하신 일들을 매우 상세하게 설명합니다. 어떻게 홍해를 가르셨고 해를 멈추게 하셨으며 모든 피조물을 주관하셨는지 등을 매우 상세하게 그립니다. 성경에 기록된 사실들이 오늘날 다른 어떤 것들보다도 더 많이 강조되어야 한다는 사실에는 의문의 여지가 없습니다.

어떤 사람들은 우리에게 가장 필요한 것은 성경 신학biblical theology으로 돌아가 성경의 가르침을 새롭게 이해하는 것이라고 말합니다. 그들은 최근 몇 년 동안 성경의 핵심 메시지의 위대한 재발견에 대하여 여러 번 말했습니다. '신정통주의자 neo-orthodoxy'로 알려진 사람들이 바로 이런 생각을 강조합니다. 그들은 대부분 성경의 역사적 사실을 '신화神話'라는 용어를 사용하여 묘사하며, 실제 역사 그 자체는 별로 중요하지 않다고 말합니다. 즉, 기록된 사건들은 궁극적으로 중요하지 않다는 것입니다. 그들에게 정말 중요한 것은 사실이라고 추정되는 사건들에 담겨 있는 가르침입니다.

그들은 구약 역사의 세세한 사실들은 그다지 중요한 것이 아니며, 그것을 사실로 믿는 것도 크게 중요하지 않다고 말합니다. 단지 그러한 형태로 드러난 메시지를 믿는 것이 중요할 뿐이라고 말합니다. 그들은 대부분 이스라엘 백성이 문자 그대로 홍해를 건넜다고 믿지 않습니다. 그들은 과학적으로 그런 일이 일어날 수 없다고 말합니다. 다만 그 이야기에 중요한 원리들이 담겨 있다는 데는 동의하며, 그 원리를 잘 이해하는 것이 중요하다고 말합니다. 여기서 사용되는 '신화'라는 용어는 역사를 담고 있는 '틀,' 즉 '구성'은 중요하지 않다는 의미를 함축하고 있습니다. '틀'을 다 제거한 진리의 '교훈'만이 중요하다는 것입니다. 실제로 성경에 기록된 내용들이 사실이 아니라 그것들이 가리키고 예표하는 내용이 사실이라고 주장합니다.

만일 이러한 관점이 옳다면, 저는 성경으로부터 그 어떤 위로도 얻을 수 없습니다. 만일 하나님이 이스라엘을 위해 구약성경에 기록된 일들을 실제로 행하신 것이 아니라면, 성경 전체는 그저 나 자신을 만족시키기 위한 하나의 심리학 작품에 불과할 것입니다. 그러나 성경은 나의 평안과 위로가 사실에 기초한다는 것을 명백히 보여 줍니다. 즉, 성경의 기록은 하나님께서 실제로 행하신 일이요, 문자 그대로 일어난 사실입니다. 내가 믿는 하나님은 홍해와 요단강을 가를 수 있고, 또한 실제로 그렇게 행하셨습니다. 하박국이 우리와 자기 자신에게 이런 일들을 상기시키는 것은 그저 여러 이야기들의 유희로 위안을 얻으려는 것이 아닙니다. 그는 하나님께서 실제로 행하신 일들에 대해 말하고 있습니다.

　기독교 신앙은 어떤 관념이 아니라 실제 사건들에 확고하게 기초합니다. 만일 성경에 기록된 사건들이 사실이 아니라면, 나는 아무런 소망도, 위로도 얻을 수 없을 것입니다. 왜냐하면 우리의 구원은 관념이 아니라 실제 사실과 사건으로 말미암아 이루어지기 때문입니다. 다른 종교와 기독교 신앙의 차이점은 기독교 신앙의 모든 교리가 실제 사실을 기초로 한다는 것입니다. 불교나 힌두교, 그리고 다른 형태의 신앙은 그저 이론과 관념에 기초할 뿐입니다. 오직 기독교 신앙만이 사실을 다룹니다. 그러므로 성경을 '신화'로 보는 현대의 이론들은 사탄으로부터 오는 것이며, 우리는 이것을 거부해야만 합니다. 우리 주님도 믿고 받아들이신 성경의 역사적 사실들은 반드시 필요한 것들입니다.

• **하나님의 전능하심을 생각하라.**

　성경의 사건들이 실제로 일어난 사실이라는 것을 입증했으므로 이제 우리는 하나님의 위대한 권능을 생각해야 합니다. 하박국 선지자는 애굽 땅에서 하나님이 행하신 기적들을 기억합니다.

　"그의 광명이 햇빛 같고 광선이 그의 손에서 나오니 그의 권능이 그 속에 감추어졌도다. 역병이 그 앞에서 행하며 불덩이가 그의 발밑에서 나오는도다"(합 3:4,5).

그는 이어서 홍해를 가르신 일을 언급합니다.

"여호와여 주께서 말을 타시며 구원의 병거를 모시오니 강들을 분히 여기심이니이까? 강들을 노여워하심이니이까? 바다를 향하여 성내심이니이까?"(합 3:8)

바로와 그의 군대가 문자 그대로 바다에 빠져 죽었다는 사실을 믿는 것은 중요합니다. 이것은 그저 구원을 비유적으로 보여 주는 이야기가 아니라 실제로 일어난 사건이며, 하나님께서 자신의 권능을 나타내신 사건입니다.

여기에 이어서 시내산의 이야기와 요단강을 가르신 사건이 언급되고, 11절에서는 "해와 달이 그 처소에 멈추었나이다"라는 충격적인 말씀이 나옵니다. 하나님은 이스라엘 백성의 승리를 위하여 해까지도 멈추게 하셨습니다. 우리가 믿는 하나님은 자신의 기쁘신 뜻과 방법에 따라 일하실 수 있으며, 또한 실제로 그렇게 행하시는 분입니다. 하박국은 하나님의 권능과 위대하심, 그리고 자신의 백성을 다루시는 하나님의 기적적인 사건들을 묵상하고 있습니다. 만일 이 기적들이 사실이 아니라면, 우리가 어떻게 평안과 위로를 얻을 수 있겠습니까?

이러한 기록들이 중요한 이유는 여기에 하나님의 능력과 위대하심, 그리고 자신의 백성을 다루시는 하나님의 기적적인 요소들이 드러나 있기 때문입니다.

- **약속을 지키시는 하나님을 바라보라.**

우리와 함께하시는 하나님은 자신의 말씀에 충실하며 약속을 반드시 지키시는 분입니다.

"주께서 활을 꺼내시고 화살을 바로 쏘셨나이다(셀라). 주께서 강들로 땅을 쪼개셨나이다"(합 3:9).

선지자는 하나님의 권능과 그분이 실제로 행하신 일들을 기억하면서 동시에, 이런 사건들을 통하여 하나님께서 아브라함과 이삭과 야곱에게 주신 약속을 이루시고 자신의 말씀을 지키신다는 사실을 확신합니다. 하나님은 이스라엘 백성이 하나님의 백성이요 자신이 그들을 향하여 특별한 목적을 가지고 있다고 말씀하셨습니다. 그래서 애굽이 이스라엘 백성을 억압하는 것처럼 보일 때에도 하나님께서 그들을 불러내고 모든 어려움에서 그들의 생명을 지켜 주셨습니다.

이처럼 우리는 역사를 되돌아보며 하나님을 생각함으로써 우리의 힘으로는 어찌 할 수 없는 두려움을 다루시는 하나님의 방법을 정확히 보게 됩니다. 선지자는 그렇게 함으로써 두려움을 조금씩 떨쳐 버릴 수 있었습니다. 자신의 두려움을 잊고 기적적으로 일하시는 하나님과 그분의 전능하심을 묵상할 때, 그는 놀라움에 가득 차 기뻐하기 시작했습니다. 바로 그 순간, 그는 앞으로 무슨 일이 닥치든지 그 일에 맞설 수 있음을 깨달았습니다. 그리고 최악의 상황 가운데서도 주님을 즐거워하며 하나님의 구원을 기뻐할 수 있었습니다. 그가 믿는 하나님은 그를 절대 잊지 않고 반드시 구원해 내는 하나님이시기 때문입니다.

두려워하는 교회를 위한 하나님의 손길

하박국 선지자는 이런 사실들을 기억하면서 위로를 얻었습니다. 그러나 오늘날 우리의 상황은 하박국 선지자가 처했던 상황보다 훨씬 더 낫습니다. 우리는 하박국 선지자보다 더 많은 역사의 사실들을 기억할 수 있고, 하나님이 행하신 더 많은 사건들을 볼 수 있습니다. 우리는 하나님께서 하박국에게 말씀하신 그 모든 것들이 역사 가운데 실제로 이루어지는 것을 보았습니다. 갈대아 사람들이 실제로 일으켜 세워져 이스라엘을 파괴했으며, 이스라엘이 바벨론에 포로로 붙잡혔습니다.

그러나 때가 되자 하나님은 갈대아 사람들을 멸망시키고, 남아 있는 이스라엘 사람들을 예루살렘으로 귀환시키셨습니다. 도시가 다시 세워지고 성전이 재건되었습니다.

또한 우리는 그리스도를 통하여 이루신 하나님의 놀라운 구원 역사들을 볼 수 있습니다. 우리는 특별히 부활의 사건으로 즐거워할 수 있습니다. 하나님의 아들이 십자가에 못 박혀 죽으시고 무덤에 묻히신 것만큼 절망적인 상황은 없을 것입니다. 제자들은 모든 것이 끝났다고 생각하면서 낙담했습니다. 그러나 하나님은 부활의 기적을 일으키셨습니다. 하나님은 이를 통해 자신이 여전히 모든 것을 하실 수 있는 하나님이심을 보여 주셨습니다. 예수 그리스도의 부활은 하나의 관념이 아니라 실제적이고도 역사적인 사실입니다. 만일 그리스도의 부활이 실제적이고도 역사적인 사실이 아니라면, 복음은 존재할 수 없습니다. 우리는 죽은 이후에 생명이 계속된다는 사실을 그저 짐작으로 믿는 것이 아닙니다. 또 우리는 그저 짐작으로 예수님께서 지금 살아 계시다고 말하는 것도 아닙니다. 우리는 실제로 그리스도의 육체가 무덤에서 부활하셨음을 선포합니다. 우리가 믿는 모든 것이 바로 이러한 부활의 진리에 근거합니다.

또 다른 사실들을 생각해 봅시다. 유대인들은 하나님의 백성을 무참히 박해했으며, 만일 그들이 박해를 계속한다면 결국 망하리라는 경고를 받았습니다. 그들은 구약성경에서도 그런 경고를 받았으며, 세례 요한과 그리스도에게서도 그런 경고를 받았습니다. 그런데도 그들이 계속 잘못 행하자 하나님은 주후 70년에 그들의 도시를 멸망시키셨습니다. 그리하여 성전이 허물어지고, 유대인들은 여러 나라에 흩어졌습니다. 그리고 지금도 여전히 흩어져 살고 있습니다. 주후 70년의 사건을 결코 잊어서는 안 됩니다.

또한 기독교를 핍박하고 교회를 멸망시키려고 애쓴 로마 제국에 무슨 일이 일어났는지도 잊어서는 안 됩니다. 요한계시록을 비롯한 성경 여러 곳에는 그리스도와 그분의 교회를 박해하는 자들이 엄청난 재난을 당하고 결국 망하리라는 사실이 분명하게 기록되어 있습니다. 로마 제국의 역사를 읽어 보면 그들이 실제로 멸망했음을 누구나 쉽게 알 수 있습니다. 그 이후 수세기의 역사를 따라 내려가 보더라도 로마 제국의 경우처럼 성경의 말씀이 그대로 이루어진 일들을 목격할 수 있습니다. 중세 시대의 기독교회의 이야기나 종교개혁, 또 개신교의 창시자들이 받은 박해 이야기는 이와 같은 원리를 보여 줍니다. 사탄은 로마 가톨릭교회를 통하여 개신교를 파괴하려 하였고, 모든 희망이 사라진 것처럼 보였습니다. 그러나 하나님은 계속 일하셨습니다. 스코틀랜드의 종교개혁자들이나 청교도들의 위대한 이야기에서도 우리는 이와 동일한 원리를 발견할 수 있습니다. 하박국처럼 우리도 이런 일들을 회고함으로써 힘든 상황 가운데서도 주님을 즐거워할 수 있습니다.

이 모든 것들 가운데 가장 위대하고 영광스러운 것은 바로 예수 그리스도에 대한 사실입니다. 우리는 복음서를 통해 그리스도께서 이 땅에서 어떻게 사셨는지를 자세히 알 수 있습니다. 그리고 그로 말미암아 우리는 어려운 시기에도 위로를 얻습니다. 무엇보다도 하나님의 아들이 이 세상을 경험하셨음을 기억하십시오. 그분은 죄인들이 자신을 대적한다는 것을 잘 알고 계셨습니다. 그분은 하나님의 아들이었지만, 피곤한 것과 지치는 것과 육신의 연약함과 피를 흘리는 고통이 무엇인지를 다 경험하고 아셨습니다. 그분은 온 세상과 사탄과 지옥이 모두 힘을 합하여 자신을 대적하는 것을 아셨습니다. 성경은 이렇게 말합니다.

"우리에게 있는 대제사장은 우리의 연약함을 동정하지 못하실 이가 아니요 모든 일에 우리와 똑같이 시험을 받으신 이로되 죄는 없으시니라"(히 4:15).

그리스도는 우리의 약함과 허물을 다 아십니다. 성육신은 단순한 관념이 아니라 분명한 사실입니다. 말씀이 육신이 되셨습니다(요 1:14 참고). 그래서 우리는 주님께서 우리의 고통과 연약함을 이해할 뿐만 아니라 실제로 그것을 알고 우리를 도우실 수 있다는 것을 확신하면서 언제나 그분을 바라볼 수 있습니다. 우리의 완전한 대제사장이 되어 우리를 하나님께로 인도하기 위하여 하나님의 아들이 사람이 되셨기 때문입니다.

"나의 소망은 예수의 피와 그분의 의밖에 없네.
나는 나의 가장 좋은 것들을 감히 의지하지 않으며
오직 예수님의 이름만 믿을 뿐이네.

어둠이 그분의 얼굴을 가리는 듯 보일 때에도
나는 변치 않는 그분의 은혜를 의지하네.
아무리 파도가 높고 강해도
내 닻은 주님 안에 있네.

주님의 맹세와 언약의 피가
넘치는 물결 속에서도 나를 붙드네.
내 영혼을 둘러싼 모든 것이 무너져도
주님만이 나의 모든 소망과 반석이 되시네.
나는 굳건한 반석이신 그리스도 위에 서리.
다른 모든 터는 가라앉는 모래일 뿐이네."[1]

그러므로 내 앞에 어떤 어려움이 닥쳐오든지 나는 여호와로 말미암아 즐거워하며 나의 구원의 하나님으로 말미암아 기뻐할 것입니다(합 3:18 참고).

---

1) 역자주 – 이는 'My Hope is Built on Nothing Less'라는 찬송시로서, 한글 새찬송가에는 "이 몸의 소망 무언가(488장)"라는 제목으로 번역되어 있습니다. 여기서는 원문의 의미를 더 명확하게 전달하기 위하여 직역하였습니다.

옮긴이 **김은진** 전도사는 연세대학교(영문학과)와 합동신학대학원대학교(M.Div.)를 졸업하고, 미국 듀크대학교 신학대학원(역사신학, Th.M.)에서 수학하였으며, 현재 필라델피아 웨스트민스터 신학교에서 칼 트루먼(Carl Trueman) 교수의 지도 아래 역사신학(Ph.D.)을 공부하고 있습니다.

MLJ 9
두려움에서 믿음으로

지은이 | 마틴 로이드 존스
옮긴이 | 김은진

펴낸곳 | 지평서원
펴낸이 | 박명규

편 집 | 정 은, 이윤경, 김정은

펴낸날 | 2012년 6월 1일 초판
2022년 6월 1일 초판4쇄

서울 강남구 선릉로107길 14 (역삼동) 06143
☎ 538-9640 / Fax. 538-9642
등 록 | 1978. 3. 22. 제 1-129

값 7,000원
ISBN 978-89-6497-021-8-94230
ISBN 978-89-86681-69-7(세트)

메일주소 jipyung@jpbook.kr   홈페이지 www.jpbook.kr
페이스북 www.facebook.com/jipyung   트 위 터 @_jipyung